細味香江系列

游子安 張瑞威 主編

仙蹤佛跡

香港民間信仰百年

危丁明 著

出版緣起

　　「細味香江系列」的構思，可以從梁濤先生（筆名魯金、魯言）主編的「古今香港系列」說起。此系列從 1988 年《九龍城寨史話》到 1995 年《香港東區街道故事》的出版，凡 14 本，不僅受讀者歡迎，還開啟了不少人對閱讀本地史的興趣。二十年過去，其間雖然不乏香港研究或掌故著述，但總是教人覺得欠缺既有主題又有系統地結集的系列或叢書。因此，我們組織了是項選題。

　　「細味香江系列」，分為社會、文化、宗教和教育等類別，題材包括村落歷史、傳統建築、嶺南文化、族群生活、珠寶業與香港社會、旅行與閒暇生活、道教與民間宗教、鄉村學校與香港教育等。學術性與生活化兼具，着重帶出本地史之趣味，故名「細味香江」。每本字數 8 至 10 萬，作者儘量多附圖片或地圖，以期圖文並茂，用生動活潑的文風吸引開卷並引領讀者思考。期望此系列適合中學教師、學生及

一般文史愛好者閱讀，可作為香港史與人文學科的教材，以及通識教育的課外讀物。

「細味香江系列」，也與編者於華南研究會的經歷分不開。我們相繼擔任華南研究會會長八年，眼見香港社會經濟高速發展，不少歷史古跡和文化現象還來不及細味、探究，景物已漸行漸遠，風微人往，不易捕捉。幸好一批對香港社會和文化傳承長期傾注的學者，多年搜集資料，或已進行研究計劃，成果漸豐，只是尚未遇上出版機緣。近年與教育界、文博界、旅行界多方友好接觸，發願組織具有意義的課題，對本地史盡一點綿薄之力。出版計劃提上日程的是《問俗觀風：香港及華南歷史與文化》之刊行，此書是華南研究會創會二十週年的著作，2009 年出版後，承其餘緒再組織選題，翌年春夏之際擬定出版計劃，最初是聯繫相關社會、文化團體資助出版，然而「好事多磨」，歷經一年半延宕仍未有着落。直至 2012 年初，才由香港三聯書店落實出版，如今真有「輕舟已過萬重山」之感。

此系列得以出版，我們特別感謝香港中文大學文學院院長暨歷史系講座教授梁元生先生，慨允撰寫〈總序〉，序言帶來點睛之效，更讓全書生色不少。我們尤為銘感諸位著者，平日忙於教學或其他工作，為配合出版，都依時完成書稿，使計劃得以順利開展。此系列籌劃過程中，鍾潔雄女士提出寶貴意見與襄助；梁偉基兄付出莫大心思和努力；編輯作了認真的審閱，提出具建設性的修改意見，在此一併致謝。

此系列付梓在即，編者藉此對梁濤先生以及本地史前輩學者的貢獻，致以深摯的敬意。需表明的是，已計劃出版的題材只起發端作用，期望此系列可以編撰下去，使本地史、「香港學」能夠蔚然成風，進而雅俗細味共賞。

游子安　張瑞威
2013 年 1 月

總序

　　一般香港歷史書籍喜歡從下列幾個角度出發探究香港歷史：

　　第一，年代學的角度 —— 即是從古時到現代的分段闡述香港歷史，由早期的人煙罕至的漁港，到珠江口外的商船暫泊的外島，到被英國佔領及開發的殖民地，到發展成為亞洲商城和國際都會的過程。

　　第二，殖民地的角度 —— 從香港作為英國殖民地說起，其發展與英國殖民地政策及英人統治息息相關，包括政治、商業、社會、經濟、教育各方面，無不與殖民地體制和官員有着緊密的關聯。

　　第三，中國主體的角度 —— 強調中國本位和華人本位，香港歷史需要背靠祖國，主要由華人締造，而非全靠英國人的功勞。例如來自中國大陸的移民在香港起着開墾、奮鬥的作用，替香港經濟轉型和社會發展作出了極大的貢獻；又例

如大陸出產的糧食和東江水，都是香港人賴以生存的必需資源；而國家的政局也左右着香港的社會穩定和經濟興衰。

「細味香江系列」所代表的，可以說是一個本土歷史的角度。系列的主編和多位作者，都是在本地從事歷史工作的專家學者，而且多年來一直從事香港史的研究。其中幾位資深學者如丁新豹對早期香港華人社會的分析、蕭國健對新界鄉村傳統的著述，都已廣為人知；其餘學者亦多科班出身，對中國和香港的近代歷史素有鑽研，在不同的方面為香港史努力作出貢獻。「細味香江系列」就包括香港城鄉的發展、香港的傳統及現代教育、各個不同的宗教、日治時期的生活，以及旅行、珠寶等專題，和調景嶺、昂船洲等歷史個案。

過往的香港史，多出於業餘史家之筆，以茶餘飯後之掌故為題材者居多。今得諸位學院同仁齊心協力，貢獻專長，為建設本地歷史而努力，實在是可喜可賀的大事。「系列」行將付梓，予有幸得先睹為快，並綴數語，樂為之序。

梁元生
香港中文大學文學院院長
暨歷史系講座教授
2013 年 1 月

目錄

前言

　　香港,中國最早進入西化的城市,又有着長期的
殖民管治地的身份。西化把這個主要由中國人聚居的地
方,滿披上西方社會的色彩,惟華人的日常生活仍大致
依中國傳統運行。長期的殖民管治,使到香港雖位處中
華大地南端,卻有如在大洋彼岸,可以對中國近現代的
風起雲湧隔岸觀火。特殊的環境使香港的發展有點逆中
國大歷史之潮流:如轟轟烈烈的新文化運動,在內地如
火如荼,香港卻反應寥寥;又如以第一次國共合作為標
誌的大革命時期,全國上下,雷激電閃,香港卻仍不動
如山。在傳統宗教信仰領域裏,情況更為突出。通過本
書的第一部分〈民間信仰與香港〉的三篇文章,相信能
呈現一二。而第二部分〈廟宇的社會管理〉的五篇文章,
則偏重於分析香港由於特殊的社會和文化環境,所出現
的與中國傳統宗教治理弘禁交替所不同的第三種管治辦
法,以及由這種方法所引發出的傳統宗教和信仰團體的
不同應變舉措。

〈香港早期傳統信仰風貌〉，是相關實況的鳥瞰。從中可以看到，在一個區域中，民族、歷史、社會等因素與宗教信仰的真實互動，由此認識到無論是廟神信仰抑或宗派信仰，都是區域歷史和文化發展的集中表現，裏頭都是些蘸滿地方民眾血汗和希冀所鍾的具體個案，有助於我們更為容易地把握歷史的真實。

〈抗戰中的香港華人傳統宗教〉，集中介紹在抗戰前後，香港華人傳統宗教的情況。其時，香港因着特殊的政治地位而成為戰禍避風港，大量人口從內地向香港遷移。本着民胞物與的大愛，香港社會各界給予南來難民極為必要的關注和援手。在香港的華人傳統宗教團體是其中最為積極的參與者之一。港府亦因為社會情況的變化，不但改變原來的對華人傳統宗教和信仰的有關政策，而且更給予種種方便，力求充分發揮其撫慰人心的力量，使新增的人口不致造成太大的社會問題。在陷日的三年零八個月和戰後復元時期，雖然條件極為困難，傳統宗教團體仍然全力開展救濟工作，力求減少同胞的苦難。應該說，傳統宗教團體在此期間的作為，不但使其與民眾的關係更趨緊密，而且奠定了戰後傳統宗教世俗化發展的主要方向，具有十分重要的意義。

婦女是傳統宗教和信仰重要的信徒來源。〈曾盛極一時的女兒節：七姐誕〉透過介紹一個今天已經逐漸被淡忘的節誕，希望讀者在重溫其昔日盛況的同時，知道節誕與社會其實有着非常密切的關係。七姐誕之盛，與傳統社會的婦女地位息息相關；今日七姐誕之沒落，也正是社會發展與婦女地位改變的直接結果。由此個案切

入，當使我們對信仰與社會之間的關係有更具體的了解。

先後在 1908 年和 1928 年通過實施的《文武廟條例》和《華人廟宇條例》，對香港傳統宗教和信仰的社會管理而言，具有劃時代的意義。前者不但正式結束了殖民者對香港華人風俗的「尊重」承諾，更以法律形式打造了華人傳統信仰和宗教世俗化的基礎；後者則把管治華人傳統信仰和宗教的重點，完全放到經濟方面而忽略其意識形態。在這樣的法律條件下實踐的信仰自由，使香港華人傳統信仰和宗教發展出自身特色。〈傳統信仰與宗教的世俗化〉即以香港為個案，勾勒出在華洋交雜的文化語境下，特別是在港府頒佈實施《華人廟宇條例》的衝擊下，華人傳統信仰和宗教獨特的世俗化路徑。〈從《文武廟條例》到《華人廟宇條例》〉和〈《華人廟宇條例》與香港廟宇管理〉兩篇文章，則是從兩條例產生的背景、過程、條例內容和實施情況等，去探討它們在社會管理方面對於香港傳統信仰和宗教所產生的影響。而《華人廟宇條例》在實施的同時，其實也在重塑香港傳統信仰和宗教的格局。在〈戰前香港華人傳統宗教發展與變奏〉一文中，則透過總體縷述本地儒釋道三教的分合過程，說明其中錯綜複雜的關係。〈黃大仙信俗的落地生根及弘揚〉則是以具代表性的廟神信仰的發展為實例，具體呈現在《華人廟宇條例》影響下，一個傳統信仰團體的應對策略及其適應發展。

宗教作為人類社會的普遍現象，必然包括兩方面的意義：世間與出世間，即現實意義和精神意義。而宗教在現實社會的意義是宗教作為物質存在的前提，也就是

說宗教必須能夠為世所用，否則寺廟、教團、宗教人員等等宗教要素都不可能存在。不過，作為宗教，也必須建立起自己的精神意義，有對現實的一套靈性的解釋，要有教規、教義、教理等，指引信徒出離世間的局限，到達解脫的彼岸，否則就容易被世俗同化。世間與出世間兩者從來都不是隔絕的，誠如禪宗六祖惠能大師所云：「佛法在世間，不離世間覺。」從香港傳統信仰和宗教的歷史經驗中觀察，這是非常明確的。由僻處山林，到入世弘法，篳路藍縷，建立城市道場，開展各項濟世利生的慈善事業，香港傳統信仰和宗教走來一步一腳印，清晰俐落。同時，它也使我們知道，一個完整的社會絕不能缺少宗教，因為如果沒有宗教所帶動的人對靈性、對彼岸的追求，濟世利生可能只會變成權貴們操弄的把戲，不可能包含「無緣大慈，同體大悲」的、完全無條件的大愛。今天的社會管理者所以樂於出資出力，協助慈善或宗教團體主辦慈幼院、學校和安老院等等機構，當然也正是因為這樣的原因。

閒話休提，諸位看官，且聽我慢慢道來⋯⋯

民間信仰與香港

　　天后廟的紅香爐、黃大仙祠的靈籤、車公廟的風車……厚疊着無數的感應故事。若從所謂「迷信」言之，這些故事或許只是連串的巧合和捕風捉影，但若放下成見，以香港社會發展為大背景觀之，就可以看到，掩埋在信眾的一誠上達和諸神的有求必應的精禋中，是幾代華人在這個曾成為異國的故土，一幅幅辛勤開墾，竭盡全力完成一個個夢想的壯麗圖景。今天，雖然經歷了天翻地覆的滄桑巨變，神靈卻依然是許許多多香港華人的堅定依靠，憑藉傳承自祖輩的信仰，他們安然在起伏不定的生命海洋上破浪前進。

01

香港早期傳統
信仰風貌

這裏說的傳統信仰，指的是華人的傳統信仰，包括儒釋道三教信仰和民間的俗神崇拜。雖然說有華人的地方，自然會出現對華人傳統信仰的信奉，然而一方水土一方人，不同地方對於傳統信仰的信奉其實各有特色。香港位於華南海隅，遠離中國的權力中心，近代以還更因着歷史形成的獨特政治處境，使蕞爾小島成為內地傳統宗教界嚮往的福地，享受風雨中的寧靜，為傳統宗教的發展提供了另外一個舞台，上演與內地不同的一齣古老文明進入現代的無痛版大戲。不過，這裏要講的不是這齣戲，而是這個舞台。所謂早期，大約會定格在開埠至上世紀初。這時的香港，華人經濟從傳統農耕、漁業和手工業開始進入現代資本主義商業，並逐步進佔主要地位，與此同時，華人精英亦正在爭取社會管治的話語權。這個階段，可說是香港華人傳統信仰的奠基時期。在此時期中，大致形成了兩個特色。一是族群特色：來自不同地方的不同族群各自奉有神靈作為本族群的保護神，從而在一定程度上成為其族群的突出標誌，如水上居民奉拜天后、潮汕族群供奉三山國王等；二是行業特色：不同的行業又奉有不同神靈，如打石工人供奉譚公、戲行供奉華光、工匠供奉魯班等。不過，這兩個特色又不是絕然分野，而是互有滲透，如樊仙既是大埔碗窰特有的陶瓷行業神，亦是當地馬氏族人的保護神。顯然，在這個時期中，傳統信仰成為凝聚從事不同行業、來自不同地域的在港華人共識的主要方式，正越來越得到重視。特別是當華人經濟進一步壯大，華人精英又以之作為團結不同階層人士、共同推動社會發展的有效方

式，使到傳統信仰一度迸發出燦爛的異彩。

早期的香港與香港人

開埠時的香港是甚麼樣子的呢？請看以下兩段文字
資料：

香港本海中荒島，在急水門外，地屬新安，距縣城一百餘
里。舊有蛋戶十餘家，傍岸寄居，捕魚鰂口。

溯香港之開，在道光二十一年，即西曆一千八百四十一
年。其始不過一荒僻小島耳，地為不毛之地，兼之山石巖巖，
崎嶇斜曲，雖竭力經營，亦僅成平常鎮埠。

前一段文字，取自黃恩彤的《撫遠紀略》。黃是當
時清政府的外交官員之一，被派出辦理中英《南京條
約》。由於割地賠款，喪權辱國，自然極力掩飾，把香
港說得不值一文，也就等於說朝廷不過是丟了荒島，損
失不大。後段文字取自陳鏸勳《香港雜記》，陳是廣東
南海人，在香港受教育，又與新學團體輔仁文社關係密
切。他寫此書，雖謂記錄本地風貌，實有介紹西方政治
文明的意思；把開埠前的香港貶低，實為抬舉英國人治
理的成績。因兩人均別有懷抱，他們說的話，也只能作
參考而已，不能全部作真。倒是英國人按管治的實際需
要，出諸其經驗主義文化傳統，在開埠時所作的統計較
為可信。該統計資料見諸港府 1841 年 5 月 15 日出版的
首期《轅門報》（*Hong Kong Government Gazette*）：

地　名	狀　況	居　民
赤柱	都邑、市鎮	2,000
香港	大漁村	200
黃泥涌	農村	300
公岩	石礦—貧窮村落	200
石凹	石礦—貧窮村落	150
筲箕灣	石礦—大村落	1,200
大石下	石礦—小村落	20
群大路	漁村	50
掃桿埔	小村落	10
紅香爐	小村落	50
西灣	小村落	30
大浪	小漁村	5
土地灣	石礦—小村落	60
大潭	小村落	20
東鼓灣	小村落	30
石塘咀	小村落	25
春坎	荒廢小漁村	
淺水灣	荒廢小漁村	
深水灣	荒廢小漁村	
石牌	荒廢小漁村	
以上合計		4,350
市場		800
住於艇上		2,000
九龍來的勞工		300
總人口		7,400

從《轅門報》及其他相關資料顯示，開埠時的港島雖算不上繁盛，但遠非海外孤島。在此地居住的人來自不同的方言族群，包括本地話、客家話、福佬話和蜑家話。居民有農民、漁民、打石工匠、商販和來自九龍的勞工。他們超過一半的人居於赤柱和市場（即今天的中

上環區），不少是屬於往來內地的行商；而居於艇上的居民，其中有漁民，也有從事水上客貨運輸者，加上來自九龍的勞工，又佔了總人口約三成，也就是說：當時不少香港居民其實是流動人口。宗教信仰是人類社會的特有現象，自然對此有直接的反映。以下，對應開埠時居民不同族群或職業身份的情況，選擇早期香港部分重要神靈信俗，進行簡略介紹，俾能了解其與民眾生活的密切關係：

天后信仰

據英人所記資料，他們登島時香港島有廟宇三座：鴨脷洲洪聖廟、赤柱天后廟、紅香爐天后廟，這些廟宇奉祀的都是海神。香港的水上居民分為蜑家和福佬（又稱鶴佬）兩個民系。香港人所謂福佬，是指來自廣東海陸豐地區的居民，早期多以捕魚為生；而蜑家人則是在廣東、廣西和福建一帶以船為家的漁民，屬於漢人，亦稱為古越人，是一支特有的、瀕臨消失的民系。歷史上蜑家人因居無定所，與中國安土重遷的主流文化不合，故備受歧視。這些水上居民都信奉天后。

對於香港地區天后廟的選址，香港學者廖迪生注意到其中的突出現象。他在《香港的天后崇拜》一書寫道：

> ……為何選擇在某一個地方蓋天后廟呢？在香港，一個頗為流行的說法是，人們發現漂流的天后神像，認為這是天后要在那裏蓋廟的意思……港島銅鑼灣天后廟的創建也有一個類似

屯門三聖村每年天后誕仍保持傳統，信眾都會奉天后蓮輿登船海巡。

的傳說，根據現時天后廟的負責人戴氏所述，他們的祖先在銅鑼灣定居時，住在海邊的寮屋。有一天準備午睡的時候，看見一塊浮水石漂來，便隨手把石丟到遠處，但石還是漂回來，因而猜測浮水石是天后的代表，於是便在該地蓋起天后廟來⋯⋯我認為「神像漂流」故事的重心，在於強調各天后廟之間的平等關係。當神像是漂來的時候，一間天后廟的建立與其他天后廟之間並沒有任何從屬的關係。事實上，香港各個天后廟之間各自獨立，各有自己的信眾基礎，自己的慶祝活動，這與台灣的天后廟之間的階序關係很不相同。

客觀上，這種現象也許正反映了早期香港崇信天后者以蜑民和福佬為多的現實。曾在香港滘西漁村長期進行田野考察的人類學家華德英（Barbara E. Ward），她認為浮家泛宅的水上人的社區認同，早期主要取決於兩個因素，一是他們可以通過該社區的小商店獲得貸款，從而得以渡過休整漁船的艱難日子；二是與該社區神靈建立了崇拜與庇蔭的互動，通過神誕及其他節慶活動，建立起年度的生活節律。她在一篇名為〈香港的一個漁村〉的文章中說：

⋯⋯這些船主宣稱他們只要還記得滘西他們就會回來，理由很簡單，就是他們感覺到他們對他們的神靈負有一個義務——他（神）居住在廟宇內面；他多年來保護他們；他們一定要回來滘西感謝神恩和懇求神靈繼續賜福。

談及這些神靈法力的故事，洪聖公，令人相信的很多。在兩個單獨的情景中，有兩個漁民在滘西節中違反了習例即船不能出海而後來遇難：其中一艘舢舨船主和他的太太在捕魚中被

火燒毀——火水燈突然爆發，而他的太太受到可怖的灼傷，幾乎雙目失明（她現在仍在村內，她的丈夫現在是負責打理廟宇）；而另一艘船在突然的狂風下翻轉，雖然他沒有喪失生命，他卻喪失了差不多所有的財產，包括他正在準備為另一島的不同神靈所供奉的整隻烤豬。

顯然，出於社區認同的需要，水上居民信奉的神靈，除了很靈驗，也不能不顯得有點排外。雖然華德英這裏說的是洪聖信仰，但以此角度看香港天后信仰的「漂流」現象，亦可見其中的奧妙。

楊侯信仰

侯王信仰是廣東南部地區的特有信仰，目前所知道的香港侯王廟或楊侯廟或兼奉楊侯的廟堂共十九間。著名的有：九龍城侯王廟、東涌侯王廟、大澳楊侯古廟、大圍侯王宮、厦村楊侯宮、屏山楊侯古廟、元崗村眾聖宮等等。毗連香港的深圳也建有侯王廟，目前保留的也不少，如寶安康楊二聖廟、寶安橋頭楊侯宮、福田石厦東村侯王宮、南山向南侯王廟等等。

有關侯王的來歷，九龍城侯王廟內有〈侯王廟聖史碑記〉，記之如下：

九龍砦西北有侯王廟，甚靈異……余曰：此殆楊亮節也……德祐二年，以淑妃弟亮節、修容弟如珪提舉二王府事。元兵入臨安，奉二王走婺州……次官富場。九龍，古官富場地。疑亮節道病卒，葬於斯土。士人哀之，立廟以祀。

　　按此碑記的說法，侯王是宋末國舅楊亮節，因奉益王趙昰、廣王趙昺避元兵而南下，組織抗元，惜大志未竟，病逝並葬於九龍。士人在此立廟以祀，以慰餘哀。若按此說，則九龍城侯王廟就是侯王信仰的祖廟，地位非凡。不過，寫這篇碑記的陳伯陶，是清末翰林，一生以遺民自居。他的說法難免有點借他人酒杯，澆自家塊壘，所以不為人重信。再者，在土瓜灣亦流傳另一種不同說法，謂當時宋帝逃抵九龍後，因舟車勞頓並飽受驚嚇，患上重病，幸得一位「楊二伯公」醫治方得痊癒。其後，眾大臣想向這位長者道謝，但尋訪之下只得一個「楊二伯公」的墓地，故當地人認為是「楊侯」顯靈，便設廟供奉。不但如此，其實侯王廟的侯王不一定姓楊，深圳南山向南侯王廟內奉祀的，便是被稱為明代十二諸侯之一的陳忠勇。由此觀之，可把侯王是誰的問題暫且放一放，先疏理侯王的信奉情況，也許會別有啟發。

　　從目前所得到的材料觀察，侯王廟的建置似乎都與戰爭有不解之緣。如據說源於宋末楊亮節的九龍城侯王廟；另亦源於宋末的、奉祀化州路總管羅郭佐的湛江羅侯王廟；深圳南山向南侯王廟奉祀的陳忠勇，據說也是庶民出身，官至大將軍的武將。侯王廟的所在地也大都與防衛有關，如九龍城、東涌和大圍等，令人聯想到南宋的屯軍傳統。南宋初年，為改革北宋軍政之弊，推行屯軍，逐漸形成五支屯駐大軍。屯軍的動員力和戰鬥力都非常強大，惟只聽命於負責管轄之將領，一如稱為岳家軍的後護軍。為防再出現黃袍加身一類情況，南宋組建新軍代替屯軍，卻因部隊戰鬥力下降，終為元所滅。

沙田大圍積存圍所奉楊侯大王。據廟碑所述：「楊侯王爺率領前頭部隊，化裝農民，南下九龍新界，分居大圍村附近及東涌農地，藉農為業，其實策劃及督建九龍城寨，以備迎護宋帝昺。」

不過，在後期的抗元過程中，朝廷對軍隊的節制減弱，屯軍傳統再度受到重視也是十分合理的事。當朝廷覆滅，抗元無望，這些部隊不少士兵便留粵生活，本來的領軍將領成為開墾生息的領袖。當將領仙逝，後人為建立屯區公共管理體制，乃奉領軍將領為神，建廟立祠，會商公事——這也許就是各地所以建置侯王廟的淵源由來。

車公信仰

有傳說謂車公為楊侯部將，同護宋帝至港。與楊侯崇拜相比，車公崇拜地域相對狹小。據香港掌故學者周樹佳的調查，供奉車公的廟宇主要集中在新界：西貢蠔涌車公古廟、沙田大圍車公廟、橫洲二聖公（洪聖與車公）、廈村新圍楊侯廟，另深圳有車公廟路，據說舊日該地曾有車公古廟，是車公最早的駐軍之地。關於車公來歷，1930 年代黃佩佳遊沙田車公廟，記道：

> 然車公一神，多不知為何許人。或曰，此地彗星車坤也。車坤，周時人，姜尚封神曾及之，備見稗官野史。惟據該廟司祝言，車公，周代雷神也，歷朝封為南昌五福車大元帥者，是或車公之來歷也。

香港車公信仰以西貢蠔涌車公古廟為祖廟。該廟始建於明代，大門有聯：「肸蠁肅精禋，蕉黃荔紫；黔贏開瘴霧，水綠山青。」「肸蠁」，比喻靈感通微；「黔贏」，亦作黔雷，開闢之神。聯意大致是：為靈應的神靈準備

西貢蠔涌車公古廟

仙蹤佛跡：香港民間信仰百年

豐美的祭品，答謝他開闢這塊瘴癘之地為綠水青山的功業。該廟光緒七年辛巳（1881）十二月聯：「義勇忠仁，英烈千秋昭北闕；康寧壽富，麻祥五福蔭南天。」光緒三十四年（1908）聯：「功律著於南方，四海土民歌保障；德覃敷及異域，千秋黎庶賴安康。」各聯均圍繞五福──壽、富、康寧、攸好德、考終命──說明車公先為部將，復作開闢之神而受到供奉。此廟雖為祖廟，但今天若論知名度卻似乎不如沙田大圍車公廟。

沙田大圍車公廟應為當地田心村於明末開村立基時，有感村前有三支河流交匯，於是村民集資建一小神廟於此山崗之下，自蠔涌供奉車公爺爺以鎮水口，祈求村民平安、丁財兩旺。此後，村民更在村中選出長者為廟祝，眾人科米科銀作為其守廟的酬勞。據說以前，廟祝之位世代由田心村韋姓村民出任，直至 1929 年由華人廟宇委員會接管為止。由於車公廟始建自田心村村民，所以田心村每年正月十四元宵點燈，村民舞動麒麟，列隊浩浩蕩蕩到車公古廟（舊廟）迎請車公爺爺駕臨村前臨時搭建的燈棚賞燈。此一傳統保留至今，亦是整個沙田區惟一享有此權利的村落。

大圍車公廟亦是沙田九約每十年一度太平清醮的舉辦地。該風俗源起自清中葉，其時沙田區內疫症流行，區內居民前往拜祀，祈求平安，後更恭奉車公爺爺遍遊九約各村以驅瘟疫。果然，疫魔隨之漸散，村民為酬謝神恩，常往上香奉祀。鑒於小廟地方淺窄，九約居民發起捐資擴建，光緒初年乙亥（1875）落成，從此成立「九約」，在車公神前許願，每十年一次，以天干「乙」字

之年，啟建太平清醮以酬神恩並庇物阜民安，此活動一直持續至今。

　　車公之驅疫神通，使他由田心村之護村神，迅速轉變為護蔭沙田九約之地方神靈，車公廟亦由此成為沙田區內重要的權力象徵。上世紀二三十年代出現的、田心村與九約之間關於車公廟廟產的爭奪，也可看成是地區領導權爭奪的反映。1932 年，港府以華廟會介入處理，因而亦不純然是《華人廟宇條例》的執行問題，此舉亦反映了港府對新界地區傳統鄉治的一種態度。

樊仙信仰

　　農民除了務農，亦會因地制宜從事相關的手工業生產。大埔碗窰馬氏崇奉的樊仙，原先就是護佑其從事之陶瓷業的行業神。據說碗窰因土質優良，水源豐富，所以一直就有出產陶瓷，初由文謝兩氏主持。清康熙年間因為遷界被迫放棄，復界後由梅州長樂（今稱五華）馬氏接管。馬氏在五華亦從事陶瓷，他們把所尊奉的行業神樊仙請至香港，並設廟供奉，直至今天。

　　樊仙的來歷也不是很清楚的，有說是與魯班同時的工匠，以發明陶瓷超越魯班，也有說樊仙不是一人，而是兄弟三人等等。舊日蔣洪順曾對碗窰進行調查，研究當地瓷業歷史。據他的記錄，樊仙宮殿上內堂兩柱之側有同治戊辰（1868）陽月穀旦聯云：

　　　仙骨披風流，蒲雞化神，億萬家共荷甄陶潃澤；

梅州五華碗陶村曾奉之挽雞樊仙像

廟模宜雲錦，松龍異昔，千百世永瞻赫曜英靈。

此聯在其後丙辰年（1976）仲春重修時作了重大改動，再掛回原位，新聯如下：

仙骨披風流，蒲雞化酒，甄陶滂澤；
廟模萱雲錦，億千百世，赫曜英靈。

舊聯中一些重要原素，如蒲雞化神、松龍異昔等，在新聯中被改動甚至刪去了，因此不甚好懂。筆者曾到馬氏的故鄉梅州五華進行調查，發現樊仙舊像，左手實有挽雞一隻，遂懷疑蒲雞與樊仙之間有互變關係，而在港後人知不妥而隱瞞，亦可能因他們不清楚情況而妄改。古人不懂科學原理，對於事物的變化感到很神奇，如黃大仙信仰，說黃初平叱石成羊，把硬繃繃的石頭變成軟綿綿的羔羊，因而傳誦千載。陶土變成陶瓷，牽涉土質、火候和製作經驗等多種因素，很不好掌握，從業者產生神秘之感，而對善於變化的神靈產生崇拜也是可以理解的。此次調查，還發現五華樊仙宮的所在位置，很是靠近當地燒製陶瓷的土窯窯口。當地長者還說明，舊日開工和啟窯時都會祀拜樊仙，以求工作順暢、一窯精品，可見他們對這位掌變之神奉拜之誠。

譚公信仰

關於譚公其人，一向以來有多種傳說，分別認為是譚德、譚公道和譚峭。譚德為童子，譚公道為老丈，譚

峭則是道教著名道士。三人本來很難牽扯在一起，然而在民間信仰中則不然，老百姓對自己尊奉的神祇，有時會不管三七二十一，把所有的靈異都包攬在他身上。關於譚公，根據流傳在惠東九龍峰龍峰祖廟附近的譚公傳說，他似原是客家巫覡，自少可呼風喚雨，降龍伏虎，而且扶危救困，造福鄉梓，故深受信奉。譚公被客家視為風雨之神，祖廟今仍存光緒十六年（1890）「靈雨既零」匾額，反映其時當地農民對譚公降雨解旱的感恩。而正因譚公司風雨，活躍於惠東的水上客家亦視之為保護神，以期水上浮生不受風雨之苦。水上客家從事的營生，分別有客貨運輸和漁業兩種，往來於南中國海域和珠江三角洲水網內。因而譚公信仰除了在惠東地區傳播，亦隨着惠東水上客家的行腳，廣泛傳至沿海地區，如海豐、葵涌、大鵬、沰梓、澳門、香港乃至東南亞等地。現時香港的筲箕灣、黃泥涌、東坪洲及西貢等地，都有供奉譚公的廟宇。

香港開埠初期，鑿山開道，興築海堤，需要大量石匠。據香港羅香林教授〈香港早期之打石史跡及其與香港建設之關係〉一文記載：「綜觀港九之偉大建築，或外表全部以光面石砌成，或柱礎拱門與石柱石欄杆等尤變化多而美觀，成為一種風格，而石砌之海堤與穿山道路工程亦偉，此蓋以港九之地理環境使然，而客家石工石匠，遂得盡其勞力，發揮其在香港建築之功能。」當時，居於廣東梅州五華的嘉應州派石匠，以善打花崗石柱礎著稱。他們隨惠東水上客家航船至港，百年以來，不下數萬人。其時香港，西自荷李活道西頭，經西營盤以至

筲箕灣譚公誕會景巡遊，小朋友出演譚公。

石塘咀、薄扶林等處，東自大道東經跑馬地、銅鑼灣、大坑、北角以至筲箕灣等地，皆為五華石匠來港打石之地。西營盤、薄扶林、大坑、筲箕灣等地亦因石匠所居而成村落。英人佔港時，筲箕灣已是有一千二百口人，僅次於赤柱的本地人聚居地。當時的居民大概是以漁民和打石工人為主，其中來自客家地區的惠東和五華人，則以譚公為他們共同信奉的神祇。

源於本土的譚公保境安民傳說的產生，說明筲箕灣陸上居民對譚公的信靠與日俱增。如香港早年水災，有漁民目睹在柴灣海面，有神人金盔金甲，頭戴紫金冠，正與龍神相搏，以解救一地蒼生。神人戰勝惡龍後，自謂為（九）龍峰成道之譚公，供奉可保平安。1941 年 12 月 17 日，日軍襲港，部署重炮強攻阿公岩鯉魚門炮台。當時炮火紛飛，筲箕灣遭遇重創，東大街幾成廢墟，惟居民早已避禍遷走，漁船駛離，傷亡減至最少。而矗立在海隅的小小的譚公廟，竟固若金湯，毫髮無損，甚至傳說當時日軍炮彈落於廟前亦會成為啞彈，此事當然會被視為神跡。三年零八個月的日佔結束後，香港重光，英軍接收日軍在阿公岩所建軍火庫，可能因軍火處置不善，1946 年 3 月 21 日突然發生爆炸，禍及東大街近阿公岩段，傷亡人數達十多人。據老街坊憶述，當時有火路直撲東大街內的火水（煤油）店，因店內存放大量易燃物，波及之下足以焚毀整個筲箕灣，萬分危急之時，火路燃經譚公廟卻忽然自動熄滅。此事被視為譚公靈應，保境安民事跡流傳至今。

三山國王信仰

除了筲箕灣，位在今日九龍半島觀塘區的牛頭角、茜草灣、茶果嶺和鯉魚門，合稱「四山」，也是著名的採石場，據說花崗岩質量甚佳。時駐防在九龍寨城的清朝官員，在四山各任命一名頭人，代官府管束採石事宜並負責收稅。四山頭人雖然不是正式官員，但地位卻非同一般，「出入均穿戴清官服飾，儀仗有肅靜迴避高腳牌，鳴鑼喝道開路，威風十足」。（見《四山分區新春嘉年華會特刊》）按學者夏思義（Patrick Hase）的研究，四山頭人最初應該就是向清朝官員承辦石礦的人，他們把開出的石材出售後，提成充作稅金，向寨城官員交納。當然他們亦有召集工匠和監工之責，而這些工匠大多來自客家地區。

其實客家人來到今日觀塘的時間可以追溯到更早。在牛池灣坪石建有三山國王廟，信眾以六村：牛池灣村、坪頂村、龍尾村、田心村、河瀝背和坪石村為主，實際上是附近客家村落的祭祀中心。據說建廟距今已有約二百年，即在清朝嘉慶年間。1930 年代，旅行家江山故人黃佩佳曾遊於此，記曰：「殿右一楹，尤為光潔，設課堂，右匾曰孔聖祠。該村及牛池灣一帶之子弟就讀於此，都四十餘人，可謂盛矣。」（見黃氏著《新界風土名勝大觀》）由此可知此廟當時亦曾為各村子弟的教育中心。

三山國王信仰是廣東地區一個古老信仰。三山，指的是位於廣東揭陽河婆的巾山、明山和獨山。元朝劉

仙蹤佛跡：香港民間信仰百年

希孟〈明貺廟記〉指出三山神「肇迹於隋，顯靈於唐，受封於宋」。祖廟「在今揭西縣城河婆之西兩公里的玉峰下，地扼『東潮西惠』（即潮州和惠州）門戶，以石為界。當時未有河婆之名，故稱『界石神』；又因隋時古揭陽已改置潮州，故亦稱潮州三山神。宋宣和三年（1121），恢復揭陽縣，後推行『都圖』制，三山祖廟隸屬揭陽縣霖田都，因此又稱『霖田古（祖）廟』。宋太宗時因三山神『護國庇民』有功，敕封為『三山國王』，並賜『明貺廟』，此後便稱『三山國王』和『明貺廟』。」（見貝聞喜《潮汕三山國王崇拜》，廣州：廣東人民出版社，2007 年）由於三山祖廟建在客家方言流行的揭西河婆鎮，所以三山國王廣受客家民系崇拜，同時其地屬潮州府治，當然亦深為潮汕民系接受。

作為神祇，三山國王頗有強調和諧相處的意味。〈明貺廟記〉云：「世傳當隋時，失其甲子，以二月下旬五日，有神三人出於巾山之石穴，自稱昆秀，受命於天，鎮三山。」三山國王本來就分屬異姓兄弟，按宋太宗詔封順序，明山神趙軒居前為長兄，巾山神連杰為次，獨山神喬俊居三。民間亦有說巾山居長，明山次，獨山三者。三山所在的河婆鎮，地理位置處潮州、惠州、梅州的交界，扼揭西、陸河、普寧、五華四縣之要隘，潮汕民系、惠州客家、梅州客家等不同族群於焉生活，守望相助，和諧共處，發揚三山國王金蘭之義，自然非常重要。再說，自康熙八年（1669），清廷結束沿海地區的遷界政策，實行復界，甚至大力鼓勵內地居民前往開發。最初遷入今日觀塘地區者據說以潮汕民系人士為多。晚

來的客家民系人士，集廟奉祀三山國王，雖說根源於族群信仰，但也可見其中與潮汕民系居民和諧相處的寄託、對和諧的追求，使坪石三山國王廟廣結善緣。1970年代末以前，每年三山國王誕，慶祝活動均非常盛大，神功戲三日四夜七大本，正誕當日從下午三時開始，盛設流水式筵席二百餘桌，款待各界嘉賓，善男信女共二千餘眾。惟後來隨觀塘的逐步都市化，鄉村紛紛被拆遷，信眾星散，盛況不再。

三山國王的奉祀形式，各地都有差別。如霖田祖廟是獨山居中主位，明山居左，巾山居右，以彰功業有異。台灣客家族群奉祀的三山國王，則明山居中，巾山居左，明山居右，以別長幼之序。香港三山國王廟祀，除茜草灣三山國王廟，則多奉一尊而非三尊並奉，即只奉三王獨山神喬俊。據說三王驍勇無匹，法力高深莫測，功業至偉，是皇封時指定居主位者。不過，早期港地其他居民對三山國王認識不多。黃佩佳遊此，記持廟者言，神陸其姓而佚名。由此推測此三山國王實宋臣陸秀夫，認為是「因楊侯王而崇仰及之」。另，1966年3月，牛池灣坪石慶祝三山國王誕，本地《華僑日報》報導時提到：「查三山國王李振，潮籍人，為宋朝大將，以匡扶帝主勤王有功，封賜『三山國王』。」李振，據內地學者朱金明的考查，確史有其人。不過他並非潮州人，而是福建莆田白塘人，與三山國王信仰看來也沒有關係。《白塘李氏族譜》載：「宣和壬寅（1123）歲也，越明年癸卯。給事中路允迪使高麗，道東海，值風震蕩，舳艫相衝者八，而履溺者七，獨公所乘舟，有女神

登檣舞，為旋舞狀，俄獲安濟。因詰於眾，時同事者保
義郎李振，素奉聖墩之神，其道甚詳，還奏於朝，詔以
『順濟』為廟額。」從這段記載看，李振向來是海神媽祖
的信仰者，他對媽祖神迹的見證，直接促使後來朝廷對
媽祖的彰表，使媽祖信仰從民間進入國家祀典。九龍半
島三面環海，為求水陸平安，天后信仰最為興盛。與官
方淵源甚深的四山頭人，亦以茶果嶺（茜草灣）天后廟
為聚集和會議之地。因此把三山國王信仰與李振牽連起
來，或許亦反映了昔年地區人士追求地方和諧之心態。

文武二帝信仰

香港建有不少供奉關羽的祠廟，以香港上環荷李活
道文武廟最為著名。文武廟，文奉文昌帝君，武奉關帝
聖君。香港島面積並不大，原來的居民也不多，隨着港
英政府銳意發展對華經濟，不絕的商機吸引了外國及內
地許多商人來港，香港的經濟很快就活躍起來，人口也
不斷增加。移入香港的商人和勞工很快就有組織起來的
需要，1851年在上環創建的文武廟，正是內地移港居民
根據傳統模式所進行的組織化的啟端。創辦時主要出資
者包括盧景和譚才。盧景，又名亞貴、斯文景。他是兵
頭買辦出身，手下黨羽眾多，是開埠時期港內最有勢力
的幫會領袖。早期香港，藏污納垢，良人卻步，反而內
地之亡命之徒，為逃刑責，多逃亡至此。盧景作為幫會
領袖，管控着這樣一些人，亦等於是當時的華人領袖。
譚才是海外歸僑，以承建工程致富，而且輕財仗義，除

了受到手下大幫工人擁戴，於社會亦有相當影響。在廣東的土客大械鬥中，譚才不惜花費巨款，聘請洋人作僱傭軍，前往開平痛擊客家。可見此二人雖出資建文武廟，兼奉文昌及關帝，實際着眼點仍在關帝上。

　　文武廟傳統村廟色彩濃烈，由值理會管理，成員基本是上環一帶商戶中的頭面人物。1857年，太平山、西營盤、上環與中環四區的坊眾，又組成盂蘭盛會並以文武廟旁的公所作會址，籌辦祭祀和慶祝活動，這也是按傳統的辦法。時港府在華人社會仍實施保甲制，並要求地保肩負「促成和解」的責任，變相授予文武廟裁決之權。文武廟位高權重，一度儼然成為在港華人自治的代表機構，對內就華人內部事務進行裁斷，對外代表華人與港府接觸。後來隨着英人對華人自理訟訴的不滿增加，特別是1861年1月，英國成功強租九龍，香港轄境擴大，華人人口進一步增加，保甲制度已經不合時宜，港府於同年6月宣佈正式予以廢除。對華人之管治此後均依據港府頒佈的法律和法令，由華民政務司兼撫華道直接實施。文武廟的議事功能仍在，但裁決權喪失，光芒不再。到了二十世紀初，港府以該廟原先登記的值理大多身故，恐怕產業發生法律問題為由，於1908年通過《文武廟條例》，將文武廟及其廟產交由東華醫院管理。

孔子信仰

　　孔子，是傳統讀書人必奉的導師，舊日私塾內常見崇奉，如香港沙頭角下禾坑鏡蓉書屋內至今仍奉孔子繪

大埔船灣岐山三宮廟孔聖宮，是本港不多見的民間供奉孔聖的廟宇。

像。不過一直沒有設過正式的誕日慶祝。1898年康有為上書清帝，要求定孔教為國教，作為變法的要項。變法失敗後康氏逃至日本，在橫濱首倡慶祝孔誕。香港慶祝孔誕則始自1905年，當時的著名報紙《香港華字日報》刊出啟事，宣佈該報在孔誕日休息以示慶祝。1908年，南北行宣佈以每年之華光火清醮為孔誕慶祝。1909年，由劉鑄伯等創設的孔聖會成立，誕日慶祝更為熱鬧。劉鑄伯（1867-1922），是此時期重要的華人領袖。他出身貧寒，但性好讀書，以優異成績考入中央書院並屢獲獎學金。1885年畢業，成為首位考獲史釗域獎學金的學生。畢業後，曾出任天文台文書，之後轉投商界成為買辦。由於台灣巡撫劉銘傳賞識，他又轉任淡水西學堂教員兼洋務委員，後以表現出眾而擢為總教員。嗣後學堂因經費不繼結束，劉鑄伯遂回港重投商界，輾轉成為屈臣氏公司買辦。他的學識與經歷，很快使他躋身香港華人社會上層。他曾先後出任東華醫院主席、保良局紳、太平局紳、潔淨局華人代表。1913年，更接替何啟出任立法局（時稱定例局）議員，積極參與華人社會的領導工作直至逝世。

在以孔聖會為代表的尊孔人士推動下，孔誕日一度成為全港重要傳統節誕日。報載1909年時的慶祝盛況：

⋯⋯即橫街小戶，亦高懸旗燈志慶，入街更可想見。以致家家樓頭國旗飄拂，天日為蔽。兼之休業者十而八九，兵頭花園、榆園等處，游客頓增，入夜後則笙歌沸天，萬燈齊發，儼如繁星萬點。道上則車水馬龍，游人如織，且各戶均皆設筵

慶叙，種種熱鬧，雖元旦亦無如是態度也……石塘嘴各娼寮此
亦同伸慶祝，殊為鬧熱，如群玉、咏觴、歡□等寮，均綠葉繞
戶，樓頭高懸旗幟云。

大新公司頂樓上更以電燈數千火，砌成「孔教光明」四
字，三樓則綴以五色縐紗，中嵌「二千四百六十四年」等字，
另「孔聖降生紀念」六大字，俱用電燈環繞。又在貨櫃內以綢
縐結成一山，以禾秆結成一茅屋，中有一像，生婦人手抱一
孩，又在屋旁置一麟吐玉書，景取尼山孔子之意。觀者極眾。

這一年的盛況，連孔誕創始人康有為亦與有榮焉，
他寫道：

近在香港、新架坡舉行聖誕之典，全港商店停市，乃至各
國銀行亦停市一日，衢道人家，莫不張燈結彩，飲酒歡呼，於
是典禮大盛矣。

劉鑄伯着意將孔教信仰舉為華人共同信仰，可見於
其對建設孔聖會堂的提倡。他認為會堂之設，除了讓市
民在日常生活中知取聖道，亦可作為公共空間以聯絡感
情。他並呼籲港內商會、社團等，「有事時於焉敘會，既
不費號召之煩，尤足以表輿論之真相，法至善也。」甚
至提議所有團體可乾脆「悉數遷入，如守望之相助焉」，
大有把孔教作為最大公約數，打造一個跨越地緣、行業
和信仰等各種紐帶的超級華人團體之勢。由此，會堂亦
可為海外華僑歸國提供住宿服務，「外埠華僑，有鳥倦知
還者，恒苦於政俗不諳，有違例而罹罰者，有被騙而喪
資者，誰非同胞，胡能忍置，設立宿舍焉，以安集之」，

顯然是以香港最具代表資格的華人團體自命。

從關帝信仰到孔教信仰，顯示華商精神出現了質的飛躍。香港華商已遠不是從各地至香港落戶安家的聚義之眾，而是具有全國胸懷乃至全球眼光，講究義利分際，在現代商業領域落實儒家精神的新儒商，從而為香港華商乃至全球華商進入現代資本主義世界，提供了最初的倫理規範。

神仙也移民

刊於 1901 年 10 月 8 日《香港華字日報》的一則題為〈香港太平山倡建廟宇告白〉的廣告，透露了當年群仙翔集的端倪：

> 茲者，弟在香港太平山自買地段一幅，倡建廟宇二座，係恭奉　諸位神聖。廟中需用之物，現有　大善士喜認許多。尚宜用　神聖真身、神樓、神檯、木檯圍、香案、香爐、貢燈、大扁額、長幡、高腳牌、萬年燈、紗帳、拱眉、檀香爐等件，如有　大善士、善男信女，喜認捐物件者，仰祈早日到香港海傍東興隆金山庄掛號，或到太平山觀音廟掛號亦可，以免重捐可也。望祈踴躍，獲福無疆矣。此佈
>
> 　　　　　　　辛丑七月廿八日　弟陳天申字庚堂謹啟

由善信捐獻解決廟內的布置問題，這在廟宇建設中很是常見，但打廣告，透過媒體招徠四方君子捐資，則可能是只在香港這樣的初生移民城市才會出現的新猷。因為內地城鄉的廟宇，大部分都有着穩定的社會關係和

香港太平山倡建廟宇告白

包相府　由肇慶城請令來

天后宮　由燈籠洲請令來

黃大仙佛爺　由省花地請令來

侯王爺爺　由九龍城請令來

綏靖伯陳老官爺爺　由新甯廣海城請令來

曹大仙師　城請令來

兹者弟在香港太平山自買地段一幅倡建廟宇二座係恭奉諸位神聖廟中需用之神聖物現有大善士喜認許多尚宜用神聖真身神樓神龕木棍鬪香案香爐貢燈大扁額長幡高脚牌萬年燈紗帳拱眉榴香香爐等件如有大善士善男信女喜認捐物件者由下環迪仰所早日到香港海傍東與隆金山庄掛號龍里遷來或到太平山觀音廟掛號亦可以免重捐可也望所踴躍發福無疆矣此佈

辛丑七月廿八日　弟陳天申字庚堂謹啟

1901 年 10 月 8 日，刊於《香港華字日報》的〈香港太平山倡建廟宇告白〉。

背景，擁有可靠的支持，而當時香港離開埠不過六十年，整個城市尚在雛形，居民更來來往往於香港與內地之間，談不上穩定，支持自然不足。陳天申這個辦法，利用傳播手段，把是次建廟計劃，迅速突破族群和社區的限制，變成全港華人可以共同參與的事件，可謂別出心裁。陳氏的用心，從他請來準備供奉的神祇裏，也可見一斑。

> 包相府：由肇慶城請令來；
>
> 天后宮：由燈籠洲請令來；
>
> 黃大仙佛爺：由省花地請令來；
>
> 侯王爺爺：由九龍城請令來；
>
> 綏靖伯陳老官爺爺：由下環迪龍里邊來；
>
> 曹大仙師：由新寧廣海城請令來。

這些神祇，屬本土廟宇請來的有三：天后來自銅鑼灣天后廟，侯王爺來自九龍城侯王廟，綏靖伯來自灣仔迪龍里綏靖伯廟，均是源於香港歷史悠久、香火鼎盛的古廟。而外來神祇則有包公、黃大仙和曹大仙。包公來自肇慶包公祠。肇慶舊稱端州，宋代名臣包拯曾任端州知府三年，清廉公正，甚得民心，故居民設祠供奉，堪稱嶺南地區包公崇拜的祖祠。曹大仙即曹植，曹操的第四子，是個被稱為才高八斗的詩人。台山廣海曹氏是當地望族，對曹植的崇拜也許與此有關。至於被稱為佛爺的黃大仙師初平，顯見已是位佛道同尊的神祇。這是目前文獻所見黃大仙信仰首次傳入香港的記載，十分重要。黃大仙自 1897 年廣東番禺大嶺初降，設普濟壇弘

道，張揚「普濟勸善」宗旨，由於仙方靈效甚著，皈信者與日俱增。主持者於是在 1899 年遷壇至廣州花地，設立「黃仙祠」，方便善信參拜，由是仙名更廣為人知。1901 年，黃大仙信仰廣泛傳播，除了陳天申計劃在港設廟供奉，亦有道長梁仁菴於家鄉南海西樵創辦普慶壇赤松黃大仙祠。據鄭寶鴻先生查閱、研究所得，陳天申這座廟於 1902 年建成，坐落在上環太平山街廣福義祠之旁，名為「新孖廟」。廟內派發黃大仙靈驗藥方和供應黃大仙聖茶，收費一仙，可見也是以黃大仙作為供奉的重心。1905 年，陳天申等又在今天被稱「民間廟宇博物館」的澳門三巴門福慶街，創建黃曹二仙廟。廟高兩層，今一層奉龍母，二層奉黃初平和曹植二仙。二層陽台門兩旁有光緒乙巳年聯，署寧陽陳天申敬送：

> 石吒三生無俗骨；
> 文成七步有仙才。

澳門黃曹二仙廟今天仍存，當地文化局更替其進行修復工程，但其歷史始末，知道的人已經不多了，弘揚黃大仙信仰恐怕也是有心無力。至於香港的新孖廟，可能也是時機未至，在太平山街的歷次變遷中慢慢淡出。黃大仙信仰在香港的弘傳，要待到 1915 年，梁仁菴、梁鈞轉父子奉仙師寶像避匪禍來港，並與同門在 1921 年於九龍城創立嗇色園黃大仙祠之後了。

佛道互融

自宋儒引佛入儒，融通佛道，三教合一漸成定勢，至明清更大盛。因為心學的提倡，三教劃分趨向模糊，不但信徒難以把握，民間更視三教為一家，無有區別。從目前史料看，佛道兩教雖早已在本地生根，但有系統的輸入卻遲至清末，而且既道且佛，因地制宜，因時制宜，具有相當的靈活性。香港作為中國的一部分，有道教應該是很早的事，無論是香火鼎盛的古廟，還是歲時風俗的各種儀式，顯然都有着道教的印記。不過，由於僻處海隅，真正有文字記載的道堂卻要晚得多。

純陽仙院

純陽仙院位於大嶼山鹿湖村，即今天的鹿湖精舍。仙院於光緒九年（1883），由羅元一道長創辦。此院不但是香港地區較早出現的道堂，亦是佛教大嶼山叢林最早的佛堂，堪稱香港佛道兩教道場之祖。

純陽仙院主奉純陽祖師呂洞賓，故名。其能創設於此海隅邊陲，顯然不是容易的，因為當時香港已經開闢，九龍亦被強租，特別是經過此前長達二十年的所謂清廷對香港的封鎖，大嶼山等離島一直屬於敏感之地。在此地建立仙院，首先必須有可靠的人事保證。在今天的鹿湖精舍，門前可見舊聯刻石：

縱嶺分蹤，雖處天涯飯淨土；
嶼山寄跡，獨超塵界峙中流。

旁署「光緒歲次癸未孟秋吉旦，左春坊左中允湖北提督學政梁耀樞敬書」。光緒癸未即公元 1883 年。梁耀樞（1832-1888），廣東歷史上的三大狀元之一，字冠祺，號斗南，順德杏壇光華村人。清同治十年（1871）狀元，授翰林編修，官至侍讀學士、參事府詹事。梁耀樞中狀元後先後在北方多個地方擔任主考官，後晉升為翰林院侍講，接着又改任侍讀。梁耀樞不僅文才好，而且長得眉清目秀，氣度非凡，很得兩宮太后的關注。欽孝皇太后曾說：「梁耀樞是一位『金玉君子』也！」這話在朝中一傳開，梁耀樞遂被百姓稱為「金玉狀元」。金玉狀元為仙院題門聯，已是可靠的人事保證之一。加上當時門額「純陽仙院」為何璟所書，就更是大有來頭了。何璟（1817-1888），字伯玉，號小宋。廣東香山（今中山）人。清朝政治人物。道光二十三年（1843）癸卯科第十四名舉人，道光二十七年（1847）中進士，殿試居二甲第五十三名，授翰林院編修，官至閩浙總督。光緒十年七月歸里，晚年在粵應元書院講學。光緒十四年（1888）卒。著有《春秋大義錄》、《事餘軒詩》。

除人事保證，還須有明確規限，今院尚存一碑：

欽加同知銜特授廣東廣州府新安縣正堂加十級唐，調處廣東大鵬協鎮右營守府、閩粵南澳鎮右營守府賴，為出示曉諭事：照得昨據該耆紳呂景輝等呈稱，在於大嶼海島之鳳凰山鹿湖洞創建純陽、普雲仙院二座。茲復據呈以該道院鳩工告峻，懇請再給示諭，以杜奸邪而潔仙院等情。查該紳耆所請，係為尊崇道教，詢屬出自誠忱，應予照准。合就出示曉諭。為此示

諭該院住持及軍民人等知悉：道山乃清淨之地，道界本修持之居，固不容于褻瀆，亦不任于勾留。外住僧道偶遊到院，不准借居住宿，不得留連外瓦。來往客旅，亦不許久住棲遲。恐其中有因事敗逃名，藉偏僻之區以慝其罪者有之；有扮作遊人先為借宿，剝竊財物者各亦有之，爾住持務應持躬修己，留心伺察，倘有形跡可疑者，速行驅逐。並有斧伐山林，與及牧童飼牛，踐踏、挑泥、挖石等弊，如敢呈惡不遵，故意慝留習抗者，該住持一面鳴官，以儆奸邪，而淨福地，各宜凜遵毋違。特諭。

光緒九年十月廿四日示

告示發仰大嶼山鹿湖洞純陽、普雲仙院勒碑曉諭

紳士陸師彥、黎斯治、羅名丁、呂景輝、值事源顯之、梁耀焜、蔡星樞、鄭世安、羅鳳南、蔡　明

住持羅元一等同勒石。

　　上面清楚寫明，仙院不能讓外來僧道借住，即不設外單，以杜絕逃亡者扮作僧道長久匿藏；為方便來往客旅，仙院可提供暫住，但也不能長住；甚至要求若仙院發現有形跡可疑者須自行驅逐。顯然就是希望仙院只作為道教修持的清淨地，不致對邊境治安造成困擾。對有關規限，仙院似乎亦頗為遵從。到後來仙院甚至與當地完全結合，成為鄉民公共空間，每月朔望的聖訓宣講，便是於此舉行。當年宣講時須尊奉的皇帝萬歲萬萬歲牌位，現仍供奉於院內。

　　我們目前並沒有資料，可以了解當時羅元一及本地鄉紳費盡心力創建純陽仙院的緣由，只能從旁系的材料

作推測。約遲純陽仙院十年（光緒十九年，1893）建立的另一所呂祖道場——呂祖仙院，至今仍保存在澳門。從院內所存碑文匾額，可以得知此地是由先天道羅浮山朝元洞一中精舍之道長，招集海外資金建立，設在澳門的一個據點。先天道此支道脈，活躍於粵東、東南亞及海外華人社區，而港澳地區因交通方便，易於溝通海內外，而且信仰自由，故備受該道重視。不禁令人聯想到，同是奉祀呂祖的純陽仙院是否亦出於該道道脈。也許，純陽仙院開山祖師羅元一此名可能並非祖師原名，而是其師承的標記，即：「羅」浮山朝「元」洞「一」中精舍。此處正是先天道東初派朝元洞系的祖庭所在。

若純陽仙院果真出自先天道，那麼其由道入佛就很好理解了，因為先天道雖強調三教合一，其實與佛教亦甚為親近，人有稱之為「在家佛教」者。《大嶼山志》載：

有觀清法師者，久在鎮江金山寺與揚州高旻寺參禪多年，回粵後結茅庵於羅浮山安居。爾時該處土匪猖厥，不堪騷擾。法師於民國初年，芒鞋竹杖到港，至大嶼山大澳口虎山之地藏廟駐錫，偶至鹿湖洞隨喜瞻仰，羅元一道長對之一見如故，知其是法器能人，乃將鹿湖純陽仙院全部親交與觀清法師住持。由此時起，將道教改轉佛教，所有院內制度儀式，皆遵禪門軌範，又將普雲院改作禪堂，男女同參。由是信徒皈依薙髮者不計其數，迨後羅元一道長羽化，觀清法師亦圓寂，遂成女眾清修之所。

據此段文字所反映，是羅元一將觀清法師指定為繼承者，從而使到仙院由道入佛，成為鹿湖精舍，其所以

如此，也難說不是因為羅元一先天道弟子的身份。

青山禪院

除了純陽仙院，另一可以確定是由道入佛的道場是青山禪院，它同樣源出於先天道東初派朝元洞系。青山禪院是香港佛教的著名道場，據說其起源可追溯至東晉時的杯渡禪師，距今一千五百多年。不過，今天的青山禪院不是當年舊貌，而是在 1914 年左右陸續建設起來的，負責的是主持顯奇法師。

顯奇法師（1857-1933），原名陳春亭，原籍福建漳浦，為越南華僑，是當地先天道東初派朝元洞系信徒。由越南到港後，一邊經營商業，為某一外國品牌衣車之代理人；一邊則致力弘教，他始設齋會於香港油麻地。一日與弟子張森泉偶遊青山，夜宿斗姆古廟中，「夢山頂白雲，有佛冉冉降，摩其頂曰：『吾子欲學仙耶？』」醒後，以此地可作修行，兩人遂移居至此。之後，本地地主陶族與陳春亭於 1914 年 9 月立下送帖，將「青山杯渡寺青雲觀廟宇，送與陳春亭主持，供奉神佛。陳春亭即補回公用銀三佰六拾大圓與陶姓眾等收接支用。其寺觀一概歸陳春亭主持司祝，任由重修整造；凡廟中所有四圍物產，亦歸陳春亭管理，每年收租納糧」。陶氏同意「陶姓不得借端勒索，改換主持」，而陳春亭則不得「將寺觀司祝，私推與別人」。

1918 年，陳春亭經妙參法師及諸大德之啟導，轉奉佛法，並往寧波觀宗寺受戒於天台宗諦閑老法師，法號顯奇。時道場坤道住持名金姑太者，墨守成法，不願出

屯門青山禪院奉於祖堂的先天道東初祖師蓮位

家落髮，妙參老和尚見之求其布施，金姑太問其所求何物，皆可施與，妙參和尚謂願得金姑太之頭髮，以作佛事，金姑太乃悟，遂隨顯奇和尚薙髮出家，後往九華山求受具足戒。顯奇法師於是順利於 1920 年創建青山禪院。開光進伙之日，陶氏致送「道院重光」匾。上誌：「青山禪院幸得陳道長紐持最力。惟今斯院重光，神人共慶。」表彰陳、張兩道長的貢獻。1926 年，顯奇法師第一次啟壇傳戒，繼後多次邀請諸山大德前來，講經授法。又與張森泉，即後來的了幻法師，堅心募化，陸續修建殿宇，終使青山禪院成為知名的香港三大古剎之一。

青山禪院的先天道根源今日尚可得見。寺中祖堂仍奉有東初祖師張東初之蓮位，證明其源出於先天道東初派一脈。上書：

東土宗派道陽東初祖師蓮位

東土宗派，先天道認為本派繼承東土禪宗故自稱為東土宗派；道陽，張東初被譽為化度三陽，道弘兩粵，故稱道陽，亦是其後來的葉號；東初祖師，即張東初。

結語

香港雖然偏處華南海隅之地，然傳統宗教仍相當豐富和精彩，不但具有地域特色，反映了早期先民的生活面貌，而且又與時代的發展相互呼應，有許多推陳出新之處，顯現傳統宗教信仰強大的生命力。在中國大陸的百年動盪中，傳統宗教飽受摧殘，台灣亦曾因日本殖民

者實行皇民化，而使其宗教傳統受到傷害。相比之下，香港這種比較自然的傳統宗教向現代社會發展的案例，就顯得難能可貴了。尤有進者，以香港為基地的華人傳統宗教，依靠濱海之便，隨着港人的行腳，很早便向東南亞等地區傳播；在內地實行改革開放之後，又在宗教交流的基礎上，積極將失傳的經卷、科儀、制度，以及相關的管理經驗等，向內地作介紹，為國家的宗教建設貢獻出自己的力量，從而奠定了香港傳統宗教在中國乃至世界宗教文化史上所具有的特殊地位。

02

抗戰中的香港
華人傳統宗教

香港自 1841 年開埠，作為英國的海外殖民地，一直都貫徹着西方的自由理念，故而成為了當時正值翻天巨變之中國內地，由於各種原因遭到打壓或管控的不少宗教派別、團體和個人的避風港。香港殖民地政府，基於佔領者心態和西方宗教經驗，對中國傳統信仰的認識有所局限，導致長期無法在法律上對中國傳統宗教加以認定。其對於內地宗教團體和人士的收容，與其說是宗教上的原因，不如說更多是出於經濟或社會管理的需要。

戰前港府對華人傳統宗教信仰的政策取向

從早期香港的相關政策中可以見出，港府對華人傳統宗教更多着眼於其所屬的階層，多於信仰本身。1872 年東華三院成立，在港督麥當奴主持的正式典禮開始之前的上午，港府容許新任院董、本地頭面的買辦和南北行華商舉行傳統儀式。華人的精英們個個身穿清朝官服，頂戴花翎，先在文武廟旁公所齊集，鳴炮三響，全體向中央書院進發，轉入歌賦街，行經鴨巴甸街與皇后道交界的仁記洋行，即沿文咸街轉入上街，直趨東華醫院，然後在院內奉祀神農大帝。東華醫院成立後，在 1908 年港府又通過實施《文武廟條例》。條例的立法原意，就是把已喪失管治功能的早期由在港華人自治的權力機構文武廟及其廟嘗，合法地撥交東華醫院直接管理。港府又銳意提倡儒學，1927 年港督金文泰倡議在香港大學成立中文系，港大乃邀請前清翰林賴際熙、區大典等任教。當時報章報導了同年舉行的一次港督府茶會：

1885 年，東華醫院總理身穿清朝官服，合攝於醫院大禮堂。

孔聖會高初兩等小學校招生廣告

本會所設高初兩等小學校開辦多年成績夙著

本會於本年十月十八日開學招收第一年第六

級定於本年十月十八日開學招收第一年第六

程本會各處義學免收學費亦定於本月十六

再本會名入學此有志向學者可來本會所取閱章

年級新生凡此有志向學者可來本會所取閱章

日開學己巳年正月初九日 孔聖會辦學部值理公啓

1929 年，孔聖會為所屬高、初兩等小學校刊登的招生廣告。

賴濟熙太史即席演說，略謂大學堂漢文專科異常重要，中國舊道德與乎國粹所關，皆不容緩視，若不貫徹進行，深為可惜……周壽臣爵士亦演說漢文之宜見重于當世，及漢文科學之重要，關繫國家與個人之榮辱等語。後督憲以華語演說，略謂華人若不通漢文為第一可惜，若以華人而中英文皆通達，此後中英感情必更融洽，故大學漢文一科，非常重要，未可以等閒視之云云。

——香港《循環日報》1927 年 6 月 25 日。轉引自魯迅《而已集‧略談香港》。

由傳統文人和華人精英提倡的孔教，亦在此地蓬勃發展。此地孔誕慶祝規模之盛大，甚至令早在戊戌變法時上書倡議將孔教列為國教的康有為大為感動，認為「於是典禮大盛矣」。港府亦視孔教團體為重要的社會力量，由華人精英劉鑄伯等創設的孔聖會，曾是香港最重要的華人辦學團體。屬下的孔聖會中學，因教學設施完善，辦學成績可觀，1925 年港府創辦首間官立漢文中學時就將孔聖會中學全部學生轉入該校。1927 年港大中文系創辦後，漢文中學畢業生可直接報考。

對於基層華人的信仰，港府則以已承諾尊重本地禮儀風俗為由，在一段相當長的時間裏，基本上是聽之任之。由此使到香港華人傳統宗教有長足進展的同時，亦衍生出不少的社會問題。個別團體或人士，利用華人的迷信，以宗教或傳統信仰的名義行騙、恐嚇、勒索，胡作非為。隨着中華民國開始進入所謂「黃金十年」（1928-1937）的國家建設期，內地政局開始穩定，對傳

統宗教信仰，在法律上實施更為有效的治理。此時，香港亦出現加強對華人傳統信仰治理的聲音。1928 年由定例局周壽臣議員提案的《華人廟宇條例》（時華文報紙將之稱為《華人廟宇則例》，亦有稱為《中國廟宇條例》者），正是在此歷史背景下通過實施的。

根據《華人廟宇條例》成立的華人廟宇委員會，被授與監察、管理和接收除條例規定以外的所有香港華人廟宇（包括寺、觀、道院、庵等）的實際權力。《文武廟條例》和《華人廟宇條例》的實施，對本地傳統信仰和宗教世俗化的推動，效果十分明顯。首先，有關法例將香港大部分華人廟宇主要集中在兩個科層化的機構——華人廟宇委員會和東華醫院（後來的東華三院）——的管理之下，其管理的精確性和科學性自然大有提高。其次，有關機構依據法例從廟宇管理權中分拆出司祝權，然後通過投標方式，將部分廟宇司祝權按年售出。司祝，原來是指祭祀中致禱辭的人或廟宇中管香火者，一般都會有相關宗教背景，如屬所奉廟神的信徒等。兩機構售出的司祝，則負責廟宇日常營運，出售香燭等拜神物品，從事簡單法事、解籤等圖利，而且無需具有相關宗教背景。也就是說，這裏的司祝完全是世俗化的職業，而非任何意義上的神職。再說，作為廟宇及廟產管理者的華人廟宇委員會和東華三院，雖然從中獲益良多，但法例對相關利益的運用有明確規定，包括進行傳統儀式、維修廟宇及廟產，之後的盈餘則歸入華人慈善基金，除作為華人廟宇委員會職員薪資和廟宇委員執行法例時必須之開銷外，其餘都用以捐助香港其他慈善事

業。所謂傳統儀式，則非取決於廟宇之傳統或宗教理由，而全權由華人廟宇委員會自行決定。世俗權力對信仰的凌越，在此表露無遺。

港府對華人精英在態度上的傾斜和對傳統廟宇管理的加強，使已在此地立足或之後來港的華人傳統宗教團體和人士，為免被納入華人廟宇委員會的管理範圍，很少再有公開建廟的打算，而多是成立不對外開放的私人清修道場。這些道場或是在市區的樓宇上開設，或是成立在較偏僻的郊區，而且杜門謝客，基本無法直接向社會大眾收取香油奉納，只能依賴本道場弟子或會眾的捐獻，而道場是否有能力吸納華人精英加入作為弟子，爭取穩定的經濟支持與及與港府維持良好溝通，成為成敗的關鍵。香港華人精英或是出身商界，或是出身本地官僚體系，其在道場管理方面的參與往往滲透着理性主義精神，個別如香港道德會等更開始實行公司化的嘗試。

總括而言，自《華人廟宇條例》實施，香港華人傳統宗教和信仰，基本被納入了港府所設定的世俗化道路，而其中華人精英扮演了重要角色。孔教作為華人精英的主要信仰，被捧上代表性地位。這個進程若不是因為日本侵華，繼而佔領香港而打破，今天的香港華人傳統宗教和信仰，也許會是另一個不同面目。

對戰爭的憂慮和恐懼

香港傳統宗教界對於第二次世界大戰必將爆發的感應很早，1933 年 12 月 15 日，香港《工商日報》所刊載

新界粉嶺　孔明下降之乩語

乩者本為無稽之談、惟迷信者每藉之以卜休咎、昨有某商由新界粉嶺迢莫修過之所、抄來最近世界預言乩語一則、撥開降乩者、為諸葛孔明云云、然細觀其乩中之語、與歐西戰禍家謂一九三六年為世界大戰之期者、若合符節、特照錄之、以供茶餘酒後之談資也、

天數茫茫不可知、怨台暫說各生知、世界干戈終爆發、鼠尾牛頭發現時、〔按鼠牛頭即丙子年尾丁丑年頭即一九三六年至一九三七之間〕此次戰禍非小、天下牛戀西復東、刀壇溝壑無人拾、血染山川淵地紅、可憐遍地是哀鳴、鳶飛魚躍也愁眉、那怪寰球佩粉紛、美人東渡海波生、中央生萃不遮掩、坚固金城一旦傾、馬踐四海似蘇秦、掉他三寸舌風生、人我太劇爭北土、十四一心人發奮、水去西方啟戰爭、東土不知西土樂、五羊風雨見悲傷、水巷仍須是樂邦、諸生不用走茫茫、〔按水巷係港字〕二八樓頭一將似、五色旗幟向東生、東人省首易調鈴、兩陳相遇一陳亡、雙財散去猶小事、今宵聚說言和語、並與明賓說衛長、下書孔明下降六字

（良）

1933 年 12 月 15 日，刊於香港《工商日報》之〈孔明下降之乩語〉。

的在粉嶺軒轅祖祠乩出的〈諸葛武侯乩文〉就有所揭示。乩文曰：「世界干戈終爆發，鼠尾牛頭發現時」，據說指的是 1937 年的七七事變，中國進入全面抗日；「十四一心人發奮，水去西方啟戰爭」，可解讀為 1940 年德軍進攻法國的預言。雖然漫天烽火，遍地哀鴻，乩文對於香港卻仍信心滿滿，「東土不知西土樂，五羊風雨見悲傷。水巷仍須是樂邦，諸生不用走茫茫」。到 1937 年七七事變，改組為香港紅卍字會的香港道德研究會，於 7 月 25 日有壇訓如下：

世事蜩螗，陰霾瀰漫，設或不幸，生靈塗炭，在所難免。吾人抱救濟為主旨，對此將發未發之秋，烟雲黯淡，風雨飄搖，此正仁人之所用心，善者之所動念，將有以體上天好生之德，解下民倒懸之苦者也。惻隱原根於天性，慈愛宜迄於遐陬，凡在旱乾水溢，癘疫凶荒，皆在可矜之列，矧乎其為兵火之劫，慘痛尤深也……瞻望幽燕，波濤險惡，瞬息變幻，良用

惻然。此中其有數歟……為凶為吉，為盛為衰，雖天意之所預定，而人事當加以維持。刁斗森嚴之中，有仁術焉，今其嚆矢矣。是似時刻注意，作一度未雨綢繆之計劃也。慈善無分南北，亦無分人我。願諸方其努勉圖之。

——《香港訓錄‧香港道德研究院壇訓》

指示弟子要時刻注意，早作準備，為接下來必將出現的難民潮，開展救濟工作。

以上這些乩文，反映了當時香港傳統宗教界，特別是其中之華人精英分子，對時局的關心和擔憂。乩文對於香港的未來，既有欲自外於中國大歷史，獨善其身的幻想，亦有利用香港當時特有政治處境，救助同胞，共赴國難的自覺，恰正反映了當時在港華人精英的心態。這種心態亦體現於香港當時最重要的華人精英宗教 —— 孔教 —— 的孔聖誕日的爭論上。

1939 年，國民政府確立孔誕為法定節日教師節，由於已廢止農曆，故以西曆 8 月 27 日取代農曆八月二十七日的傳統孔誕日。在中州板蕩之際，尚將孔誕定為法定節日，誠如時任行政院長的孔祥熙所說：

政府規定孔子誕辰為教師節之原意，殆欲全國教育界、學術界、士子、青年，遠師先聖之精神，對國家民族致其最大之貢獻……今日紀念孔聖誕辰，適當國難嚴重，世界風雲緊急之際……我國今日遭空前之橫暴，臨生死之關頭，若欲救亡雪恥，尤必自振作人心、激勵精神作起。故闡揚孔子遺教，實為救國家救世界的急要工作。

——孔祥熙〈孔子遺教與民族前途〉

這種以孔子遺教鼓舞國人的議論，亦見於香港報端：

本港按照向例，定於今日在孔聖會，慶祝孔誕。

……

在抗戰的今日，我們紀念孔子，應當注意他是主張整頓武備、攘禦外侮和誅戮亂臣賊子的。我們紀念先哲，應該根據這三個原則，加強我們的民族戰爭。

——〈短評·慶祝孔誕〉，香港《大公報》1939 年 10 月 9 日。

香港慶祝孔誕，一直奉行農曆誕日。1940 年 7 月 9 日，香港華商總會值理月會，大新、先施、永安、中華四大公司函請推行孔誕日改用國曆（即公曆），理由如下：

一，國府已有明文規定孔誕改為國曆八月二十七日，港僑理應遵奉國府命令執行；二，農曆孔誕日與國慶日時間相近，在商場上如連續休息，極感不便。

——〈孔誕紀念改用國曆〉，香港《大公報》1940 年 7 月 10 日。

值理月會知茲事體大，「此事關係全港團體，不能自行取決。議決：推郭泉、吳澤華、雷蔭蓀、張瀾洲、盧國棉、曹學愚等負責與各孔教團體及教聯會等有關團體磋商推行。」

當有關人員於 7 月 22 日商之於孔教團體，議案遭到一致反對，理由是：

（一）根據尊重聖人之旨，則只可使後人移就先聖，不能將先聖移就後人；（二）倘更用陽曆，則較原定之陰曆，提前幾有一月，若是則孔聖豈非受孕未足月即誕生耶；（三）普通人之生辰死忌，均奉行陰曆，從未有人改用陽曆者；（四）我國以農立國，農民耕作節令，均用陰曆。

——〈孔教團體昨反對改用國曆祀孔〉，香港《工商日報》1940 年 7 月 23 日。

而商界則多贊成按公曆慶祝孔誕，並決定當日休息一天。為此，孔教團體又在 8 月 15 日召開聯席會議。「咸以我國自鼎革以還，國人慶賀新年者，尚多喜用舊曆，遂沿用人民習慣，決定仍以舊曆八月二十七日舉行。此亦宗教信仰自由，絕非故違國府命令。」香港孔誕慶祝活動宣告分裂。

雖然說民國政府改以西曆 8 月 27 日為孔子誕日不一定妥當，但在外敵當前，國家興亡之際，孔教團體堅持以舊曆慶祝，似乎就不能說是擇善固執了。孔教團體核心成員多為前清遺民，個別對民國懷有敵意並不奇怪，身在殖民地香港卻又故以「信仰自由」解說非蓄意違反國家命令，更不免令人有此地無銀之感。公義與私憤之間，不但透露出對內地政權的認同，實質更牽涉對抗戰認識之大是大非。

孔聖堂的戰時弦歌

孔教團體的個別人士對抗戰的態度雖或有某程度上

的曖昧，但歷史大勢浩浩蕩蕩，卻又不可以含糊。在香港淪陷前，孔聖堂對中國抗戰的援助、難童救助和戰時文化等的推動，都是很好的證明。孔教團體早有建設中心活動場所的打算，然而好事多磨，直到 1935 年 12 月 10 日孔聖堂開幕方正式成事。孔聖堂之設，原意為宣揚孔教。首任主席曹善允的開幕演詞，卻為孔教下了一個特別的註腳：

> 有人或以此二千五百年歷史之孔子學說，為太舊，不合今世潮流。其實孔子思想是進步的，求真理的……有人又謂孔子為一宗教，實則在漢文中，從無對「宗教」字義之適當解釋。「教」之一字……其意指「智識之路」也。總而言之，孔教在使人明德修行，闡明人對人及人對天之關係。本人相信研究孔道，不特不令人之思想有偏所料，更足對其所信仰之宗教，更為認識云云。

主事者心中的孔教既然是智識之路，孔聖堂當然就容得不同思想的交鋒，使人對自己信奉的宗教或思想有更深的認識。主持開幕的港府華民政務司史美（Norman Lockhart Smith）在開幕演詞中對此由衷讚美道：

> ……港中華人，久已需要此等敘集地點，以避免商場戲院等煩擾之空氣，以供集會及演講。余知此堂將交由信託人辦理，此信託人須曾在議局或慈善機關為各界服務者，方能當選。余讚美創辦人之賢明、果斷，深信將來所獲成績，必能完滿與公平……

既有主事人寬容之心境，復有制度上的公平保證，

孔聖堂開幕後，成為戰時香港華人重要的公共空間。

孔聖堂於是成為港中華人的主要公共空間。

盧瑋鑾教授以散文家的筆調，在《孔道專刊》第18期撰文，為我們重現了上世紀三四十年代，孔聖堂迷人的文化風韻：

> 數不清的文藝節目在演出，一個個盛會在舉行。那些尊崇孔教的人在大禮堂開講五經，另一些人在同一地點，紀念反對讀經的魯迅，或歌頌五四新文藝，這是多麼自由的氣氛！
>
> 我站在高大的花格木門下，看見這麼的一個場景：香港各大文化團體的代表都來了，舞台中央懸掛了「中國漫畫家協會香港分會」會員繪畫的大幅魯迅側面像，相比下，旁邊掛着的中國國旗和國父像，就顯然渺小得多了。主席許地山先生致開會辭，說明慶祝魯迅六十誕辰的意義，一向不愛露面的蕭紅報告魯迅的傳略，跟着是徐遲的朗誦和長虹歌詠團的紀念歌。那天下午，外邊正大風大雨，但阻不住參加者的熱誠，難怪有人說這是一個盛會。至於晚上的紀念晚會，李景波演《阿Q正傳》、文協會員演出、馮亦代導演的《民族魂魯迅》等等，也吸引了許多文藝愛好者買兩角錢門票進場——兩毫子，在1940年，不算便宜……

除了文化活動，孔聖堂亦擔負起動員民眾，共赴國難的光榮使命。1939年3月31日，香港各校學生代表共一千二百餘人在孔聖堂舉行國民公約宣誓典禮。典禮召集人、學賑會主席、香港大學代表李政耀講述活動要點：「1. 此次舉行宣誓典禮，係使吾等今後，根據誓言，實行精神總員，每人確實履行國民公約；2. 作為全港僑胞履行國民公約之先鋒；3. 不只個人奉行，且要推動各

界同胞實行，俾達抗戰建國之目的。」《國民公約》，全稱《國民抗敵公約》，1939 年 2 月，鑒於全民對日抗戰，必須堅持到底，方克最後勝利，國民參政員於國民參政會第一屆第三次會議，提請政府制定國民公約。此約於 4 月 27 日頒佈全國執行，而香港學界宣誓在此之前，足見在港華人抗敵心之急切，也是當時國人暫借香港在風雨中之寧靜，作為向淪陷區國民宣示誓約的平台，號召國民堅持民族立場，抗戰到底。1940 年 10 月，香港各界賑濟華南難民聯席會於孔聖堂主辦《復興建國大畫史》原稿展覽會，介紹自七七事變以來，編者分赴各戰區攝得之大量照片，入場券三毫，學生優惠券一毫，所得均作賑濟難民之用。很多時候，在孔聖堂舉行的其他活動，其實與抗戰有不少聯繫。1939 年 12 月 3 日，香港歌詠協進會歌詠合唱團，在孔聖堂舉行遊藝晚會，目的就是籌集善款，捐贈前方將士棉衣。

孔聖堂又參與到實際難童救護工作。1939 年 3 月 25 日，孔聖堂舉行孔聖堂兒童保康院成立典禮。時保康院經一年籌備，已收容學子二十餘名，乃分班排立，迎迓嘉賓。此院更以「創設一種新的教育，發展貧苦男女兒童之體育、智育與德育，使其將來長成，成為健全有用之公民」自命，一方面注意學員營養維護，由胡惠德、蔣法賢、黃民三、黃秀峯夫人等醫生專門負責，一方面安排學員接受高強度體育訓練，包括足球、手球、籃球、田徑等。

戰時港府對華人傳統宗教信仰政策的調整與香港紅卍字會的成立

事實上，由於抗日軍興，逃難者眾，當時的香港已開始難勝負荷。在孔聖堂兒童保康院成立典禮上，港府醫務總監司徒永覺（Sir Selwyn Selwyn-Clarke）指出：

> 自中日戰事發生以來，想各位皆知本港人口劇增至百萬以外，而難民來港者，不下五六十萬眾⋯⋯因難民擠擁，失業人數又多，生活程度又高⋯⋯是以露宿街中者，大不乏人。政府在市區已建有難民收容所三間，在市外又築有難民營五所，收容難民不下萬餘人，並供給其醫藥食宿。同時露宿會亦鼎力協助，收容數百露宿者⋯⋯救世軍及緊急難民救濟會，並在市內各處施贈粥飯，每日施派至三千餘人。
>
> ——〈孔聖堂成立兒童健康院〉，香港《工商日報》1939年3月26日。

當此危難之際，傳統信仰安定人心的力量驟顯。香港不少山谷曠野，平白出現了不少小型廟宇，崇奉關帝、孔明，甚至曹公等三國英雄，而且進廟祈福祈壽祈平安者，日無間斷，足見亂世中人心思治之情。港府亦對華人傳統信仰的維穩功能有了更深一層認識，不再如之前般堅決執行《華人廟宇條例》，強硬對這些新建廟宇予以取締，免招無謂之人心浮動。1939年9月3日，為籌款賑濟難民及超度死難軍民，英賑華香港分會委託鐘聲慈善社主辦香港九龍超度中華殉難軍民萬善緣大會，於港島七姊妹名園舉行。香港各山名道高僧數百人

雲集主持法會，七晝連宵。祭文刊見於翌日香港《工商日報》曰：

　　嗚呼先烈，國之干城。沙場禦侮，長期力爭。魯陽揮戈，×膽震驚。慨自七七，×陷北平。烽烟瀰漫，×騎縱橫。禍延南北，蹂躪兩京。萬性罹毒，慘莫能名。賴我軍民，抗戰同情。衝鋒摧×，慷慨請纓。以身許國，雖死猶生。嗚呼先烈，為國犧牲。激勵後死，力役從征。前仆後繼，救亡扶傾。萬眾痛惜，死哀生榮。嗚呼先烈，心照汗青。生而為英，死而為靈。□獲殺×，威若雷震。氣壯河嶽，光炳日星。寧讓繼光，百戰成功。壯哉先烈，華夏蜚聲。人誰不死，死亦轟轟。會開追悼，卓有典型。哀感同胞，血淚盈盈。荷以花菓，誄以銘旌。伏祈來格，鑒此丹誠。

　　文中的「×」，是因為當時英國與日本之間尚未宣戰，為保持所謂的「中立」，港府實施新聞檢查，凡涉及日方的用語都必須刪去，以「×」代之。

　　這是戰前重要法會，也是香港傳統宗教界一次總動員。許多本來僻隱山林的名僧高道都入世參與，為死於敵手的軍民及陷於戰爭災難的苦難眾生，求得陰安陽利和心靈的撫慰。

　　一些有規模的道派，更積極參與敵後救濟和戰場救護，其中以香港紅卍字會表現最為突出。世界紅卍字會，宣揚儒、釋、道、耶、回等五教歸一道以化除教爭，屬於內地新興宗教流派 —— 道院 —— 的社會服務組織，而院會之間，相輔相成，成為當時內地規模最大的全國性民間宗教慈善機構。不但如此，其後分會甚至開

英賑華募捐會主辦
萬善緣大會昨已開幕

羅文錦主祭各界人士參加踴躍
附薦擠擁籌欵成績已達五萬元

1939 年 9 月 4 日，香港《工商日報》關於超度中華殉難軍民萬善緣大會報導。

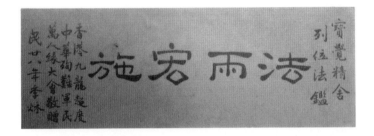

1939 年萬善緣大會「法雨宏施」鏡區致贈誦經團體，實物仍保存於牛池灣賓霞洞。（游子安教授提供）

設至日本、星加坡、馬來西亞及美洲。紅卍字會亦早在1931年底建立香港的分支，但港府以其與內地總會保持聯繫，而不准在港註冊，故只能以道慈精舍或香港道德研究會名義活動。1938年夏，世界紅卍字會派李鵬程到港設立紅卍字會華南救濟隊監理部，全面開展華南地區的救護工作。由於內地近代以還戰禍不斷，天災頻仍，紅卍字會在戰場救護和難民安置方面均經驗豐富，所以有關計劃自然受到港府的歡迎。不過，因為紅卍字會尚未准在港登記註冊，這處境使到紅卍字會華南救濟隊監理部駐港失去合法身份，從而影響到港地難民救助活動的參與，身穿醒目制服、軍容整齊的紅卍字會救濟隊亦無法來港。為此，李鵬程「與港院同修商討，乘機向港政府進行談判，得以准許成立香港紅卍字會。」這個困擾香港院會多年的問題，在日軍漸行漸近的槍炮聲中，終於獲得解決。當然，註冊成立的是「香港紅卍字會」，而非〈分會會則〉規定的「世界紅卍字會某地分會」。這反映了港府對既有的不准本地團體受外地團體支配原則的堅守，亦顯示了有關原則立場其實存在相當的彈性，而最終立足點就是務實。香港紅卍字會既獲准註冊，香港道院的註冊自然更不成問題，香港院會原先對外使用的「香港道德研究會」的名稱遂成為歷史。

抗戰時紅卍字會的華南救濟

1938年10月12日廣州淪陷，日軍鋒芒所指，珠江三角洲一帶隨即陷入戰火。香港院會與華南救濟隊監

理部馬上開展緊張、繁重而有條不紊的救濟行動。從工作的側重來看，香港院會主要負責本港及鄰近地區的救濟，而華南救濟隊監理部則負責距港較遠的華南地區的救濟。不過，這些工作都屬華南救濟工作，救濟資金募集、資源分配以及人力支援等等方面，都是整體策劃的，實際凝結着紅卍字會同修們與不少參與華南救濟行動人士的心力和智慧。

在香港以及鄰近地區開展的救濟工作

11月下旬，粵東的惠陽、淡水告急，萬餘名難民蜂湧進入新界。香港院會除了派人到場為難民送來食物，並即協同華南難民聯合救濟會，在元朗及屏山設立難民收容所。港會屏山難民收容所的情況不詳，但設在元朗市場附近的臨時收容所，則收容難民五百餘人，除日供一飯一粥外，還附設臨時診所，以解決其醫藥問題。

由於到港難民越來越多，香港難以承負，港府實行限制入境和資遣回鄉政策。港會有見於此，同時亦因為元朗難民收容所接近元朗市場，難於實行難民管理，故即覓地另行安置。1939年1月29日，港會將難民遷往深圳，建立了獨立管理的深圳難民收容所。該收容所收容難民一千三百餘人，生活條件遠較元朗難民收容所為優，更便於實行紅卍字會一直提倡的化渡。

該所為深圳酒店前址，面積寬敞，布置裕如。除收容外，附設教育班、救護班、施診所、勞作感化班等組織。各難民均能遵守規則，秩序整然。分為樓上樓下兩層，每層分作若干房

間，每一房間有架床八張。每月供給米飯二餐，佐以營養充足之飯菜。幼童則加給牛奶。所有各班工作如下：

甲・教育班 學童六十名，最多時達一百五十名，均係難民之子弟。每學童由本會給以校服、鞋襪各兩套。課程則根據本港教育司之規定辦理，教員均係本會會員義務擔任；

乙・救護班 就難民中徵求其志願者擔任，共有二十人。先由本會救濟隊員授予救護常識，遇有空襲，則由本會救濟隊員率同一齊出動，救護掩埋。計深圳邊境被襲三次，最後一次情形異常慘重。該班員生，協同出動，搶救卅四人，送交廣華醫院治療。此外死者八名，即由該班掩埋。所有所中難民均接受該班指示，不得妄動，故安全無恙；

丙・勞作班 就難民中遴選男女精壯者二十人，專門負責耕種蔬菜，修理房舍、傢俱，以及擔任爨炊等工作，暇則授予足球、籃球或棒棍技術，藉資娛樂；

丁・感化班 就難民中老弱者，授以宗教之經典，藉作精神安慰。每星期三次，均由本會學問湛深者，前往擔任；

——《香港紅卍字會歷年辦理慈業概況》，香港紅卍字會藏，頁 1-2。

從深圳難民收容所各班的設計，可以見出紅卍字會的救濟和化渡的具體操作，其基本特色是因人施教，自救救人。一方面根據難民的不同年齡需要，給予不同的服務；另方面，則充分發揮難民本身的能動性，使他們服務於難民收容所的難友。

1939 年 2 月下旬，深圳難民收容所因為日機轟炸，曾一度撤退到的新界大埔叉坑。叉坑難民收容所生活條

世界紅卍字會深圳難民收容所附設之醫務處

件較為簡陋，營舍是由港府撥助的七十餘節火車車廂組成，另搭建葵棚兩座作難童學校、施診所和飯堂之用。經歷過有組織的難民收容所生活不過一個月，難民們的精神面貌即有着顯著改變。據曾訪問該所的記者志芸在1939年3月5日香港《大公報》的報導：

> 這兒的設備很完善，管理很具體，雖然很匆促的由深圳搬來，但很快的已把病房、辦事處、飯堂等用草搭好。以前上課的孩子，現在又開始在飯堂上課了。每天清晨五時，先生就帶着學生上早操，爬高山，以鍛鍊強壯的體魄。他們所穿的是童軍樣的藍制服，有隊色，領巾，黑鞋襪，但是長褲。不祇供給小孩的課本衣服，而且供給大人們的日常用品，如毛巾，牙刷，棉被，每日吃兩餐飯，這是與其他收容所的相異點。又因為地方太過狹小，不能設立更大的手工藝場，現在只有婦女刺繡班開工。縫紉班最近可成立……這兒常駐着一隊救護隊，不僅擔任難民日常衛生，並且替難婦接生，助理掩埋工作。

8月上旬，深圳淪陷，紅卍字會深圳難民收容所最終被迫遷離，在港府的同意下，再度轉移到大埔叉坑，成立叉坑難民收容所。難民有增無減，但秩序井然，不可不謂是化渡之功：

> 華仁書院第一班學生，得校長同意，由教務長鄧乃理神甫（Fr. Donnelly, S.J.）率領，前往粉嶺難民營服務，以一月為期，蓋將為緊急救濟會處理粉嶺難民營也……於是全班分為三隊，每隊約12人，一在南營，一在北營，一在叉坑。叉坑難民，已有相當認識，能守秩序，且諸事均有規模，故辦事甚為順利。

到（12月）11日晨9時許，接收南北二營，二營相離約半英里。南營最大，共大車卡40輛，收容約一千。此處難民，不若叉坑之有秩序，有等且甚頑固，不遵規矩，尤以南營最甚……諸事多未就範，忙碌殊甚，終日不停……更發現難民中有擾亂竊物者十數人，鄧神甫遂於次日呼警驅之出營，千餘難民，乃賴以安。

—— *STAR* Vol.7, No.1, Summer, 1939; pp.807-808.

直到1940年1月，難民見家鄉秩序逐步恢復，開始請求離所返鄉，重整家園。港會遂資遣回籍，除旅費外，還給予生活費，使難民回鄉後，可藉此重建生活。叉坑難民收容所正式結束。所內無家可歸的難童五十餘名，港會以同月設立於元朗屏山之屏山慈幼院收容之。

屏山慈幼院以達德公所為院址，負責人為蔡寶田。男女院生連同原叉坑難民收容所難童共計六十三人，教職員則達六十七人。院生衣服、書籍、膳食及教育各費，均由紅卍字會籌供。教育方面，除授以普通學課外，兼習農園、樹藝及輕便手工業，學成後可以自謀生活。

慈幼院校訓為「慈誠勇毅」。負責人蔡寶田曾對來訪記者表示，慈幼院「訓練學生，採用家庭教育子女方式，而側重於道德修養。慈以修德行仁，誠以待人接物，勇以任事進取，毅以求成達志」，解釋了其校訓的實質內容。歐陽學詒是慈幼院的學生，他對當年的學習生活，記憶猶新：

早上六點鐘起床梳洗，穿上整齊校服（校服是要結上童軍

呔的），六點半鐘開始做早操，做到八點鐘，然後開始上課。一天只吃兩頓飯，所以做完早操還是沒東西吃便要上課了。當時兩餐也是十分簡單。一圍枱六個人，就是六件腐乳，一碟青瓜或青菜，但這是吃得飽的。過時過節，才有一點豬肉吃。上午上完課，還有耕田種地等功夫。院方對同學的生活是十分嚴格的，這養成我們儉樸克己自律的精神。[1]

從他的口述中，可以清楚地見到紅卍字會所興辦的教育慈業的優良傳統。

這所慈幼院一直辦到香港淪陷之後，1942 年春才因情勢變遷而結束。所有無依院生，均由港會介紹工作以維持生活。

為備不虞之變，香港院會曾組織香港救濟隊。「本年五月十五日（1940 年 6 月 20 日）統科奉訓，救濟隊須有先務之急，着即召開會議，從事籌備等因，本會遵於十七日（6 月 22 日）處務會議議決，暫定為正副隊長各一人，隊員六人。」[2] 該隊隊長史炳炎，道名洋性，副隊長江學文，道名惟史。隊員部分為港會所派，其他本欲於內地招募，後華南救濟隊總監理部以從華南救濟隊湘桂各隊中改調一員充之。9 月 16 日，港派之員先行接受訓練，候內地隊員到齊後，開始進行工作。鑒於難胞在新界地區的流離慘況和時疫蔓延，10 月 19 日，派江學文率員伕到元朗屏山、錦田一帶難民區調查霍亂流行情況。21 日，史炳炎率員伕帶同中西藥品前往，為達德學校、屏山慈幼院等學童院生作防疫注射，並散發中成藥二百三十劑。後於夏秋之間繼續治療施診，又通過

報刊通知時疫患者可向港會領取藥物，不取分文。到當年年底，救濟隊出發至寶安縣鯊魚涌、葵涌，「辦理救護施診。頗受當地民眾及港韶間來往工商之歡迎，歷時兩月。以環境變遷返港改組。派正副主任移駐屏山慈幼院，挑選該院學生六名訓練救濟事項，為預備隊員」。[3]

除此以外，港會還在此期間積極協助香港政府及其他慈善團體展開救濟活動：如 1941 年 5 月，應港府之邀，在港島灣仔辦理平糶米站，到了 9 月 15 日，又在灣仔街市地下土庫建築辦公共食堂，供應廉價飯菜，每碗四仙；1941 年 3 月，寶安縣大鵬新墟之疊福、南澳之東涌等地難民湧至香港離島坪州逃避戰難，港會應寶安救濟會請求，協助成立坪州難民收容所，收容難民五百人，並設法向美國紅十字會領得一批碎麥，實施救濟。到 7 月間，寶安局勢趨平靜，難民離所回鄉。港會與寶安救濟會合作，將所餘碎麥運至大鵬及南澳派贈，以解居民的困境；同年，又為香港醫務署在港島大坑、摩理臣山及九龍牛頭角等地區設立難民營，並向平民學校撥款，津貼教師生活等。

以香港為指揮中心的華南救濟隊

華南救濟隊，是由華南救濟隊總監理部組織，以香港華南救濟隊監理部為指揮中心的一支活躍在廣東、廣西、湖南、江西等地區的紅卍字會戰事救濟隊伍。現尚存於香港紅卍字會的檔案中，清晰記錄了當年的救濟活動及組織：人員分為三隊，每隊內分救護、醫療、掩埋、賑濟、總務等五組，共有隊長員、醫師、伕役

一百二十人。

第一救濟隊，隊長胡中乘。該隊於 1938 年 10 月中抵港，本擬轉赴潮汕。因廣州告急，乃取道澳門，轉石歧赴穗，剛抵達陳村，廣州就告失守，因無法前進而折返香港。11 月間，再趕赴汕頭，設辦事處於新馬路同濟醫院，遇有空襲即出發救援，平日則附設施診所以惠貧民，又辦理天災急賑，贈種牛痘等。1939 年 6 月，汕頭戰事爆發，救濟隊竭力辦理救護掩埋急賑，深得當地稱許。汕頭戰事後救濟隊返回上海候命。1940 年 2 月 28 日，在胡中乘率領下，救濟隊出上海經寧波循浙贛路南下，計劃開赴雲南。時因桂南局勢緊張，駐桂林的華南救濟隊第二隊不敷人手，第一隊即改駐廣西柳州，並設施藥隊為居民巡迴治療，注射疫苗，施種牛痘，掩埋遺骸及實施各種地方救濟。又於當地設立難民臨時招待所，凡過境難民每人發放慰問金一元。直到當年 12 月，累計駐柳州八個月，接待難民約六千人，施診四萬人，辦理地方急賑十餘次。在整個救濟過程中，該隊先後在澳門，廣東的江門、廣州、深圳、汕頭，廣西的南寧、柳州，江西的信都、吉安等地，辦理空襲救護、掩埋、施診施賑，並協助當地之防疫衛生等。有隊員兩名積勞殉職。

第二救濟隊，隊長李槎同。1939 年秋，由上海赴港，再從香港走小路轉往湖南，於 10 月間到達沅陵。隨即分成兩組，分駐於長沙及沅陵，並次第成立辦事處，開展各項救濟。救濟隊設立的長沙施診所每日診治四百餘人，沅陵施診所則為二百餘人，並派出隊員，下鄉義

診派藥；復在長沙、沅陵設立戒烟所，免費招待一般平民染有毒癮者，住所戒絕。救濟隊的急賑，包括施發米票，分贈寒衣，布施棺木，資遣及卹產等。又派員赴芷江、洪江、辰谿、盧溪、乾城、所里等地修建防空洞十所，供貧民躲避空襲。1940 年 8 月間，救濟隊奉調轉駐衡陽繼續工作。1943 年 8 月，衡陽遭受日軍狂轟濫炸，死傷慘重。李樵同率隊員分往各被炸地區奮勇救援，一時不慎，與主任袁通善同告罹難殉職。在整個救濟過程中，該隊先後在廣東的韶關，廣西的衡陽、長沙、常德、辰川、酉陽等地辦理戰地救護、空襲救護、掩埋、施診施粥等工作；

第三救濟隊，隊長聶承臨。1939 年 12 月，由上海赴港，於 10 日攜擔架及藥品，從水路往廣州灣，上岸後再循陸路往桂林。抵埗後設辦事處於桂林，時適值廣西賓陽崑崙關戰役爆發，救濟隊隨即加入戰場救護及運送傷兵。派醫師、隊員一組，與 131 醫院合力救護傷兵，聶承臨則率另一組醫師隊員，在遷江、賓陽一帶相機救護。戰役進行期間，各隊員日以繼夜，累計救護、運送傷兵七千餘名。在國軍克服崑崙關後，又兩度前往辦理掩埋、施賑、施醫等，並協助賓陽縣政府分赴各鄉區慰問難民，施贈日用食物。此外，又協助戰區難民、難童轉送後方收容所。救濟隊深受廣西省府行營綏署讚賞，並囑令所屬各部給予方便，以助救援。在整個救濟過程中，該隊曾先後分駐於廣東之廣州灣，廣西之桂林、賓陽、柳州，湖南之長沙、沅陵、常德等地辦理戰地救護、空襲救護、施診贈藥、施米施衣施棺等，並於各難

世界紅卍字會華南救濟隊第二隊出發往湘桂前攝於中環鐵崗

民墾殖區巡迴治療。

　　三支華南救濟隊，分在西南各省重要地區擔任救濟，均深得該地當局與民眾的嘉許。直至湘桂局勢惡化，相繼淪陷，救濟隊仍在經濟支援短缺情況下埋頭苦幹，在 1945 年秋間戰事結束方始解散。這三支隊伍所作之長期戰場救援，成就巨大，艱苦卓絕。其所以能如此者，卍會認為實際與信仰密不可分。誠如後來世界紅卍字會宗母總駐港辦事處在 1982 年 10 月 7 日以扶乩所示的乩文（收錄在《處科訓錄》）所總結：

　　慈業之興，發於道心之誠，所以無道心不能興慈業，不明道亦不能辦慈業；不明其理，隨俗以為，或以有所好也，或有目的之所在也，或以慈之不當，當之不慈，皆非慈之真旨也……救濟隊之隊長員伕，出入槍林彈雨之地，而一誠為救濟而工作，並未計及個人之危險，生存與死亡。而隊長員且多有資產豐富之家，而發願作此工作。在港出入槍林彈雨無量數，而幾十次均無生望之時，皆能化險為夷……胡中乘，華南救濟之總隊長也，有時談起，則云：「我們隊長員伕，人數甚多，在前線辦救濟傷亡掩埋，隨時可有臨時醫院，而因故障，接濟不能送到，有一二年之久者，而救濟均能在當地籌謀辦法，仍為繼續工作……為什麼以前的同修如此偉大，而不自以為我有功行呢？」……這個能以發揚卍徽，捨身救人之精神，從何而來？從明理悟道而來，堅決猶如金石。一個誠字，任何魔惑，皆不能有所動搖也。

日佔時期的香港華人傳統宗教

1941 年 12 月 7 日，日本偷襲珍珠港，發動太平洋戰爭。8 日早上進攻香港，英國在港軍事力量節節敗退。經歷十八天的抵抗，終於在 12 月 25 日迎來黑色聖誕夜，港督楊慕琦投降。日軍在港長達三年零八個月的黑暗統治宣告開始。

日軍香港佔領地總督部，非常重視開展在本地的宗教工作。參謀長菅波一郎指出：

> 此地的軍政，最重要首推宗教工作。為安定民心，賦予信仰上的安心，當比什麼都重要。就是使他們能夠安然定心，拜所信的上帝。拜神的自由若被剝奪，不啻失卻一切。自中日戰爭爆發迄今，日本贏得戰爭，卻失了民心。肇因於對宗教無正確認識。[4]

不過，所謂正確認識，首要的當然是日軍認為的宗教是甚麼。上世紀三十年代末，為強化軍國主義和美化侵略戰爭，日本政府在戰時體制下，於 1938 年 4 月公佈《國家總動員法》，規定資源、工廠、資本、勞力、運輸、交通、通訊等由國家統一管制，並為言論和思想都作了規範，將全國綁上所謂「聖戰」的戰車。配合《國家總動員法》的實施，1939 年初日本通過《宗教團體法》，以弘佈和宣揚皇道達於四海的「大義名分」取代以往各宗教派系的紛爭。不論神道、佛教或基督教，均成了為打贏「大東亞聖戰」作精神總動員的工具。神道被定位為國家意識形態，不但不受《宗教團體法》的規

範，國家神道的主體精神更必須體現於各宗教當中。文部大臣和地方長官被授予極大權限，不但宗教團體設立和宗教法人資格要取得審批，甚至宗教團體領導乃至宗教場所主持人的任命也必須得到認可。政府認定有關宗教團體及人員的活動有違所謂「臣民的義務」，可以給予限制、取消，甚至取締有關團體或人員。

香港佔領地總督部，對宗教的態度亦根據《宗教團體法》的思路。1944 年 2 月出版的《軍政下の香港》，記述當時日軍對香港宗教情況的觀察和應對：

> 當地的宗教大致可分為佛教、基督教、印度人宗教（回教、印度教）以及依中國舊習的寺廟齋堂等四種，其中佛教、印度人宗教、寺廟齋堂現在非常少，在指導監督上沒有特別的障礙。但是基督教，其內容很複雜，擁有各國信徒，且佔當地宗教之大部分，所以政府當局特別慎重應付基督教會。至於堅實的日本佛教等其他宗教，當局儘量推動其進入。[5]

此處所說的「中國舊習的寺廟齋堂」，大概是指本地之廟宇、道觀，以及由先天道或其他在家佛道主持的廟堂。日軍認為這些廟堂與香港佛教，因數量不多，很容易對付，故將主要的精力放在應對基督教方面。另外一項重要任務，則是把日本的佛教及其他宗教，盡力移植香港。而日軍的目的，其實根本不在於宗教。1943 年 9 月，香港佔領地總督磯谷廉介於禮頓山主持舍利塔發願式典，願文中清楚寫道：「夫余之本願，不論宗派，不問人種，在乎普遍教化十億民心，務求達到和樂之淨土，以期完成大東亞戰爭之目的，大東亞之興隆，其庶

幾乎。」[6]

日佔時期的香港佛教

　　茂峰法師（1888-1965），名仁山，號茂峰，字顯妙，
廣西博白人。1915 年於合浦鰲魚寺依融化和尚出家。在
廣東肇慶鼎湖山慶雲寺與筏可、融秋、寧禪諸師友善，
乃於 1916 年 10 月相約赴江蘇寶華山隆昌寺學習律儀，
受三壇大戒。1921 年往寧波觀宗寺謁諦閑老法師，深得
諦老器重，留住觀宗學舍。後經學舍同學台灣之榮宗法
師推薦，於 1924 年赴台灣基隆靈泉寺講經，盛開法筵。
日佔台灣總督石塚英藏及各高官聞法後，無不讚嘆，並
將聞見呈報日本天皇。天皇特御賜法師一件上蓋御璽，
以及中書寺院及法師名號的金燦五衣和黃緞布袋作鼓
勵。1927 年，香港潘達微、朱大同，賴際熙、黃志桓、
林甫田和何張蓮覺等，合禮法師回港弘法。回港後，初
駐錫於摩羅廟後街之法源堂，及後在荃灣老圍覓得佳
地，於 1932 年建成東普陀講寺。講寺很快成為佛教文
化地標，香客佛子，禮佛修靜，騷人墨客，樂賞清幽。
1940 年文化名人蔡元培在港逝世，香港佛教徒特在東普
陀舉行公祭，以表景仰。香港淪陷，治安不靖，港人夜
防土匪，日防日軍。茂峰法師因有天皇御賜金燦五衣和
黃緞布袋，日軍不敢過分騷擾，法師亦大發慈悲，保護
來寺避難之鄉民百餘人。

　　正因為茂峰法師在教界的地位及其與天皇的前緣，
日人移植日本佛教的圖謀，就選擇法師入手。其基本的
步驟，首先是成立香港佛教聯合會（簡稱佛聯會）。戰

前香港佛教和道教，大致都統一在《華人廟宇條例》的管理之下，港府並沒有特別把佛、道、民間信仰和新興教派等分別開來。日軍則根據《宗教團體法》和移植日本佛教的圖謀，將佛教加以集中管理。1942年7月31日，在東蓮覺苑舉行的首次香港佛教聯合會籌備會議，出席者除一些在港的大德高僧外，還包括日本佛教代表日本龍谷佛教大學教授宇津木二秀博士和西本願寺住持本山義城法師。籌備會議決定佛聯會的成立日期為8月4日。佛聯會成立後，以十一人組成的委員會為領導機構，正副會長均由日軍任命，正會長為宇津本二秀，副會長則是茂峰法師。佛聯會成立宣言中自然少不了日本軍國主義的精神滲透。1942年8月25日《華僑日報》〈佛教聯合會成立〉一文載：

> 方今世界之動態，實為有歷史以來所無之新轉變。在過去百多年來，專橫於東亞各地之歐美民族，握其支配權，我欲復興東亞各國之固有狀態，必須致力於東亞共榮圈確立之偉業。我們佛教信眾，一秉佛陀遺教之精神，領導民眾，精誠努力翼助之，以期大業完成，此則本會之旨趣也。

佛聯會成立一年多以後，為加強對香港佛教的控制，1944年1月31日，宇津本二秀進駐東普陀講寺，取代茂峰法師住持之職，茂峰法師則轉任監院與代理。從1944年2月1日《華僑日報》刊載的宇津木二秀的進院宣言中，可以窺見日人圖謀以佛聯會控制香港佛教之不順利：

現下大東亞戰爭當中，全人類沉淪於苦境……以何方法解除痛苦呢？就是需要我大東亞各民族同心同德……現下香港地區全體佛教亦應互相協力，將從無組織無團結的渙散現象，認真檢討，並且努力去改進為有組織，並且團結起來，以征服現在的苦境……請求各位奮起勇猛精進的精神，自利利他的情緒，和本人充分合作，互相協助來弘揚佛法，利益眾生，這是本人今日所貢獻的一點意思。

佛聯會既然不能任日人隨心所欲，日人只好另作準備：

在香港日佔時期，雖然「香港佛教聯合會」是由中日佛教人士所組成。但日本佛教人士卻有意建立自己的小圈子組織。1944 年 7 月 20 日，文教課成立以日本佛教為主的「香港佛教會」。有關人士聲稱此佛教會的成立目的，是為了有系統地把日佛教團體與日人佛教徒連結起來。[7]

雖然受日人脅迫而興辦的香港佛教聯合會不可能有任何的代表性，也沒有絲毫的積極作用，但以聯合會形式打破山林界限，促進教界團結，推進香港佛教發展的這個想法，卻為戰後佛教人士所接受。日佔時期的佛聯會會長宇津木二秀，在日本宣佈投降後，為免在灣仔道的東本願寺被視作敵產沒收，主動聯繫香港佛教聞人陳靜濤、林楞真等，希望對方能以香港佛教聯合會名義接收。陳等乃發起成立包括四眾弟子在內的香港佛教聯合會，並於華民政務司註冊為認可的佛教社團。由此開始了香港戰後華人傳統宗教及信仰管理的新一頁。

宇津木二秀。日佔時曾任香港佛教聯合會會長。

日佔時期的香港孔教

孔教是戰前香港重要的華人傳統宗教，一直備受港府偏愛，但在侵港日軍的視野中，卻根本沒有絲毫地位。不但不是非要應付的對象，甚至不認為是屬於香港人信奉的宗教之一。這是無心的忽略抑或有意的蔑視，現在已很難稽考。對曾備受禮遇的個別留港孔教徒而言，日人的這種冷漠背後彷彿隱伏着無窮殺機。而且由於孔教團體大多都辦有慈善事業，在此民生困頓時期，他們有意盡快恢復。然而由於日人惟恐本地慈善組織會暗中支援反日力量，故限制甚嚴，孔教團體若不能取得日方信任，在坐立不安的心態下，實難有啟動下屬慈善事業的積極性。

日軍佔港五個月後，1942 年 5 月，孔聖會率所屬十二所男義學、六所女義學，與孔聖堂共同申請恢復活動，較佔領地總督部 6 月正式發佈之命令，命宗教團體向文教課申請恢復活動尚早了二十多天。佛聯會成立後，在 10 月慶祝孔誕同時，孔教團體亦為成立統一管理機構事宜舉行了茶話會；翌年 5 月，更擬定成立「孔聖教香港總會」，並選舉出十多人的籌委會負責有關工作。到了 7 月，籌委會決定呈請兩華會（華民代表會和華民各界協議會，戰前香港行政及立法局的替代性組織）協助，邀請日本名流加入。1943 年 7 月 28 日《華僑日報》載〈兩華會贊助進行復活孔教團體〉：

今當香港新生，總督閣下與文教當局積極提倡東洋文化，且友邦日本人士素亦尊崇孔子，故本聯會擬乘此時機，召集日

華名流，從新復活孔教團體，定名為孔聖教香港總會，向總督部呈請許可願。素仰貴代表會、協議會為僑民表率，維持聖教，具有同情，謹將本總會呈請復活緣由，並規約會華案一份，分送貴會審核，望加予指導。倘荷贊同，賜予協助，庶登高一呼，萬山響應，尤望介紹日華人踴躍參加，共策進行。聖道昌明，端賴乎此。

不過，他們的主動姿態似乎一直未能引起日人的重視，卻惹來當時生活在水深火熱中的大部分香港市民的不解與厭棄，甚至禍及戰後孔教的地位。據陳智衡在《太陽旗下的十架──香港日佔時期基督教會史》一書中推斷，「1945 年 8 月 27 日為重光後的第一個孔聖誕辰，那時的慶祝情況十分平淡。當時只餘下惟一的孔教團體──孔聖會──也沒有舉行任何的慶祝活動。相信其他孔教團體在淪陷時期因不同原因而關閉」。

日佔時期的香港道教和廟神信仰

淪陷時期，對於廟宇的管理，日人沿用了港府原來的辦法。1943 年 7 月，由東亞建設基金撥款設立華民慈善總會，接管戰前華人廟宇委員會所管轄的廟宇（約四十四所）。廟宇的收入則充作慈善總會的開支和資助慈善救濟之用。一年後，日人更將屬東華醫院管理的八所廟宇，劃歸華民慈善總會統一管理，只是規定這八所廟宇的收入，仍專門撥歸東華醫院經費之用。

1943 年 9 月，慈善總會將二十二所廟宇為期一年的司祝權推出，公開讓公眾競投，反應踴躍，有十二所廟

宇被投出。10月第二期推出十七所廟宇供競投，有十一所廟宇被投出。一年後，再次開投，一些廟宇開投價已躍升兩倍至十倍。到1945年開投時，更有升至四倍乃至六十多倍之高者。除了戰時物價飛漲之因素，亦反映出司祝在兵荒馬亂之時卻是獲利不少的行當。雖然日軍推崇神道精神，高唱國家信仰，但對於華人來說，卻是一點都聽不進去的。他們寧願繼續崇拜自己的神明，在朝不保夕的局勢中求取平安，等待黑暗的日佔時期終結。

至於香港道教團體，既非廟宇，不受慈善總會管理，其力量也沒有令日人重視得要為之設立由自己直接指導的「聯合會」，因而得到一種相對的靈活性。但在日佔時期，道教團體卻沒有退隱山林，置身事外，反而是奮不顧身，積極救亡，從而大大改變了市民對於道教的刻板印象，為其戰後的繁榮走出堅實的一步。如1941年8月日機空襲啟德機場，在機場附近的嗇色園洞外園門，收容民眾避難；1943年在大殿東側重開藥局，施濟貧民。同年，香港饑荒，通善壇於港島義賣饘粥，龍慶堂則於九龍大角嘴和青山派粥。陳智衡在《太陽旗下的十架──香港日佔時期基督教會史》一書載，1944年成立不久的雲泉佛堂，「他們先以每斤十六元向胡文虎購買一千斤白米，其後在西營盤、西昭和通、東方戲院等地成立『白粥平賣處』，以五十錢一碗售予貧民充飢，每天平均賣出白粥約五百至七百碗不等，後更增至三千多碗。佛堂除了支付白米成本價外，還需要支付每天數百元的津貼補助，故此很快就導致財政緊絀。可是，不少港人在艱苦的生活中，仍樂意捐助佛堂，以延續這慈善

服務。」此外，當時開展義賣白粥義舉的道堂尚有香港
道德會福慶堂等。

日佔時期，面對極端的社會條件，道教慈善傳統
中的敬老懷幼精神得到充分體現。1944年，龍慶堂因
見一些小規模道堂難以支持，堂內所居老人勢將失養，
乃起而發動各方支援，先天道內各堂群起響應。時收容
三十六位無依老人於深水埗一幢樓房，在生計困難之
際，仍保持每人每日六兩米供應，混以雜糧充飢。這便
是香港道教乃至香港華人傳統宗教興辦的第一所安老
院——先天道安老院。同年，因糧荒極為嚴重，龍慶堂
又開辦兒童工賑院，收容飢餓兒童近百名，教以紡紗技
術，以工代賑。據1945年7月16日《香島日報》報導：
龍慶佛堂每日售粥七百碗至一千碗，並規定先售予十二
歲以下的兒童及六十歲以上的老人，其餘的才普及於其
他貧民，可見龍慶堂這種敬老懷幼的精神甚至貫徹於其
施粥的義行之中。

結語

香港是一塊福地，在內地處於歷史的急風暴雨之
時，往往得享風雨之中的寧靜，不但經濟穩步成長，而
且因為所具有的燦爛陽光，十里洋場的千姿萬彩，吸引
着內地不少人材與資金的進入，從而更添魅力。然而香
港並非與災難絕緣，開埠初期的篳路藍縷，每年例必發
生甚至是延續多年的疫病、風災、旱災等等，都曾多次
使香港處於懸崖的邊緣。三年零八個月的淪陷時期更是

如此。在日軍的鐵蹄下，香港人口銳減，經濟崩潰，民不聊生，然而當風雨過後，痛定思痛，香港總能凌越災難，得到更新發展。香港的華人傳統宗教和信仰亦然，經歷戰火的洗禮後，其與市民的關係越加緊密。傳統宗教和信仰開始從山林大步走向城市，戰後無論儒釋道，都把服務社會，作為自己重要的使命。香港政府對華人傳統宗教和信仰的認識亦不斷加深，並正視了其在社會中所具有的不可替代的作用，不單在管理政策上作出了調整，其在管理過程中亦注意與華人傳統宗教的代表機構或團體，保持良好的溝通和協作。在政府與民間的共同努力下，香港華人傳統宗教與信仰，在戰後均得到發展。香港不但是華人宗教信仰傳統的最佳保存者和傳播者，亦是中國傳統宗教與信仰走向現代化的最有雄心的探索者，並為此作出極具價值的示範。

註釋

1   伍達仁：〈倉皇歲月下的平靜 —— 歐陽學誼先生訪問記〉，《香港紅卍字會大埔卍慈中學二十週年校刊》。有關資料蒙歐陽學誼先生提供，謹此致謝。

2   《世界紅卍字會香港院會處庚辰秋季大會報告書》，香港紅卍字會藏，頁10。

3   香港院會處編印：《秋季大會報告書》，香港紅卍字會藏，頁1-2。

4   鮫島盛隆：《香港回想記》（香港：基督教文藝出版社，1971），頁87-88。

5   東洋經濟新報社編：《軍政下の香港：新生した大東亞の中核》（1944），頁284。轉引自倉田明子〈日佔時期的香港天主教〉，見 http://www.cultus.hk/HKCat/07_08/Kurata_C.htm。

6 轉引自鄧家宙:《二十世紀之香港佛教》(香港:香港史學會,2007),頁 59。

7 陳智衡:《太陽旗下的十架 —— 香港日佔時期基督教會史》(香港:建道 神學院,2009),頁 120。

03

曾盛極一時的女兒節：七姐誕

2017 年 8 月，在香港嗇色園黃大仙祠的一次活動中，監院李耀輝向媒體介紹該園擬於 2018 年的七夕舉行「七姐誕」慶祝，單身女性可來園參拜，祈求良緣。李耀輝更指出，古時女性在封建思想影響下，沒有行動自由，只有每年農曆正月十五元宵和七月初七的七夕例外，他希望可以盡量還原七姐誕的祈禱和拜祭儀式，讓市民從文化角度了解傳統習俗。

　　其實早在 2011 年，香港歷史博物館在其長期展覽項目「香港故事」中，新增了「七姐誕」的展區，展示的藏品有七姐盆、七姐衣和其他傳統祀奉七姐的拜仙物品。令人驚覺昔日城中每年一度的女界傳統盛典，業已成為明日黃花。源自古老傳統的七姐誕，進入到近代香港，隨着此地成為華南重要商埠，曾成就一度輝煌：長桌琳琅，滿街衣香，燈明竟夕。及至戰後，隨着慶典主要組織者由小康及富戶擴至基層婦女，香港七姐誕又展現出新的姿采。然終因時代和環境的改變，由燦爛漸歸於沉寂。華洋雜處的文化環境，異彩紛呈的傳統慶典，昔年七姐誕備受關注勢在必然。本文將以昔年報刊的相關報導為基礎，對香港七姐誕風俗的流變作分析整理，為這種建基於古代農耕傳統的習俗，其逐步走向世俗化，以至最終無可避免地消亡的歷史進程，留下初步的勾勒，並從中窺探作為慶典主體的香港婦女走出傳統進入現代的蹣跚步履。

　　七姐，即民間牛郎織女傳說故事中的織女。據明人馮應京《月令廣議・七月令》輯錄南朝梁殷芸《小說》所記：「天河之東有織女，天帝之子也。」不過，明人朱

七姐盆

七姐衣

名世《新刻全像牛郎織女傳》則謂:「天河之東有織女,乃天帝之孫女」。據筆者目前掌握資料,其尊號尚有七姐娘娘、七姐仙娘、七仙姑、天仙娘娘、斗牛宮織女星君、七娘媽、七星娘娘、七星娘、七星媽、七聖仙娘等。星君崇拜,是道教主要信仰之一,拜斗更是道教獨有的科儀,可為信眾消災解厄,祈福延壽。雖然如此,因天上星宿難以數計,除南辰北斗、五星七曜、二十八星宿等等,其他不免有所忽略。斗牛宮即南斗星宮和牽牛星宮,泛指銀河,織女星君亦只是銀河眾星之一,並非顯赫的神祇。織女所司,按一些傳說所示,是編織雲錦天衣,所以宋人秦觀〈鵲橋仙〉詞有「纖雲弄巧,飛星傳恨,銀漢迢迢暗渡。金風玉露一相逢,便勝卻人間無數」句,以歌詠七夕。至於七姐對人間的蔭庇,除了每年七夕為天下未婚女子降福,佑之心靈手巧,早日覓得如意郎君外,日常則可見於在閩台和粵東地區流行的七娘媽信仰,七娘媽是位保護孺子的神祇,在兒童周歲前後,往寺廟祈求七娘媽或註生娘娘、觀音媽、媽祖等,請求保護並將古錢或銀牌、鎖牌,以紅絨線串成絭,懸在兒童頸上。父母並為孩子許願,如果子女能順利長至十六歲,必至廟中還願。此後每年七夕,父母會帶孩子至廟中祭拜。附近無廟的,就在家中自設香案,並在神位前換上新的紅絨繩,稱為「換絭」。等到子女滿十六歲則於七娘媽生日此日「脫絭」,往寺廟祭拜還願,答謝七娘媽的庇佑。另外,香港的兩座崇奉七姐的廟宇,坪州仙姊廟常有善信前去求子或索男,據說亦頗靈驗;西貢官坑七聖宮,廟內的重修碑記謂七聖使地方

供奉於西貢官坑七聖宮的七姐聖像

物阜民豐，共享太平，更儼然成為地方保護神而香火鼎盛。不過，即使織女有保護婦孺乃至地方之神力，卻始終無法突破作為天女天孫的小輩格局和身為女性的第二性地位，所以即使歷經千載崇信不墮，卻只能是受到穩定崇拜而無法進入社會主流信仰的神祇之一。

不過，在漫長的中國古代，正是這樣一位神祇與及以她和她的傳說為核心的節誕活動，在民間為長期生活在傳統父權社會的女性，爭取一個年度的自由空間。七姐誕，又名乞巧節、七巧節、七夕節、擺七夕。「在這一天，她們可以違反『大門不出，二門不邁』的家規，嘻笑瘋耍，甚或午夜之後，幾個要好的姑娘掐了巧芽，聚到一起去占卜自己的命運，或徹夜臥讀，互相傾訴心聲，分享各自的快樂和憂愁，翌日清晨各回各家，恢復平日的寧靜。」[1] 香港雖偏處華南海隅，與中原文化有一定的隔閡，近代以還更遭英人長期強佔，深受西方文明影響，但七姐誕活動卻也曾如內地各地一樣盛行，深受本地華人婦女的喜愛。

香港早期的七姐誕活動

廣東地區的七姐誕慶祝活動有悠久的歷史，宋人劉克莊《即事十首》詠道：「瓜果踶拳祝，睺羅撲賣聲。粵人重巧夕，燈火到天明。」延至近代，廣東七夕之風仍甚盛，時人記之如下：

七月初七日，俗傳為牛女相會期，一般待字女郎，聯集為

乞巧會。先期，備辦種種奇巧玩品，並用通草、色紙、芝麻、米粒等，製成各種花果、仕女、器物、宮室等等，極鉤心鬥角之妙。初六日陳之庭內，雜以針黹、脂粉、古董、珍玩及生花時果等，羅列滿桌，甚有羅列至數十方桌者。邀集親友，喚招瞽姬（俗稱盲妹），作終夜之樂。貧家小戶亦勉力為之，以應時節。初六夜初更時，焚香燃燭，向空禮叩，曰迎仙。自三鼓以至五鼓，凡禮拜七次，因仙女凡七也，曰拜仙。禮拜後，於暗陬中持絹絲穿針孔，多有能渡過者，蓋取「金針度人」之意。並焚一紙製之圓盆，盆內有紙製衣服、巾屨、脂粉、鏡台、梳篦等物，每物凡七分，名梳妝盒。初七日，陳設之物仍然不移動，至夜仍禮神如昨夕，曰拜牛郎。此則童子為主祭，而女子不與焉。禮神後，食品玩具饋贈親友。拜仙之舉，已嫁之女子不與焉，惟新嫁之初年或明年必行辭仙禮一次，即於初六夜間，禮神時加具牲醴、紅蛋、酸羌等，取得子之兆，又具沙梨、雪梨等果品，取離別之意。惟此為辭仙者所具。他女子禮神時，則必撤去。又初七日午間，人家只有幼小子女者，咸禮神於檐前。禮畢，燃一小梳妝盒，曰拜檐前，祈其子女不生瘡疥。俗以檐前之神為齷齪神也。復有一事，即於是日汲清水，貯於壇內密封之，嘗久貯不變臭味，曰七月七水，調藥，治熱性瘡疥，極有特效。[2]

　　香港是一個移民城市，因地緣關係，開埠初期，移入本港的華人大多數來自鄰近的廣東地區。1850年代，太平天國民變與土客之爭相繼爆發，廣東地區動蕩不安，很多居於珠江三角洲地區的富戶攜眷來港，並在此營生創業，他們帶來的資金不但開始改變此間洋商獨大

的商業生態，而且還打造出一個華人精英階層。他們同時帶來更為精緻的節俗文化，並藉此創造各種交往和交流機會，從而加強團結，凝聚共識，以在殖民統治的社會中爭取一席之地。而深受閨中女子歡迎的七姐誕，自然是其中之一。1895年8月26日《香港華字日報》的〈乞巧吃驚〉一文載：

> 士丹頓街某眷，初六晚筵陳瓜果，燈色輝煌。女童數十輩，群相逐沓，粉膩流香。乞巧人間，騁妍鬥麗，鶯聲燕語，我見猶憐。不期該屋地窖之樓陣，久歷星霜，不□剝蝕。祇以人多重壓，有樓陣數根猝爾折摧，所有鋪陳，翻然卸下。幸女童均無損傷，只受虛驚而已，然亦大煞風景矣。

從這則新聞報導中，可以發現當時中環華人商戶已進行七夕活動，初六為女孩拜日，參加者均為女童，應為廣東地區拜七姐風俗在港的延續。[3]

在男耕女織的傳統社會，男女在生活中所扮演的角色是被理想化了的：男主外，負責農耕，為家庭生產糧食；女主內，除克儉持家，尚要心靈手巧，為家人織布裁衣。不過，主外的男性實際卻是以農立國的社會之本，只要其農耕不被中止，即能生產出社會的內部穩定；主內的女性雖然被限制在家庭活動，卻是不斷為男性編織出各種外部聯繫，如娘家與夫家關係，或為丈夫生產子嗣，從而建立以他為中心的家族血統傳承。由此可見，男耕女織，不能只從字面意義理解，從其象徵層面意義思考其實更覺深遠。作為傳統的節誕，七姐誕因其組織者和參與者均為女性或以女性為主，故亦以女兒

節著稱。牛郎作為傳說中極為重要的角色，節日中雖有在七夕之夜拜牛郎的環節，卻容易與當日午間之祈兒女不生疥瘡之拜檐前齷齪神儀式相混，實際上已經邊緣化了。[4] 其所以如此，亦正是對男耕女織背後重男輕女的傳統觀念的顛覆。

香港是一個商業社會，而且深受西方文化薰陶，男耕女織的理想早就不合時宜，但以男性為中心的父權統治，仍是華人家庭主要的管治形式，女性也習慣以此一年一度的慶典，舒張自己的不滿和壓力，這是七夕風俗當時得以流傳的重要原因。特別是每年的慶典均是女性通過七姐會自行組織的，由於活動牽涉到行政、財務、採購、製作和安排等範疇，對於待字閨中的女性是難得的社會訓練。1939 年 8 月 21 日《香港華字日報》的〈織女牛郎寂寞渡良宵〉一文載：

> 「擺七夕」要怎樣「擺」，普通是有一種組織，叫做「七姐會」的，從中策動。會的組織很簡單，完全側重於「消費合作」，由十個以上的女子共同組織，分三元或五元……這幾種，譬如十二個人做五元的「七姐會」，從今年七夕起，到明年七夕，就有六十塊錢來「擺七夕」了。這種「七姐會」的組織，有永久的，有臨時的，有退出的，有加入的，有輪流管賬的，有指定一個人管賬，看環境怎樣而定。
>
> 在將要到「七夕」的時候，這七姐會就要做一番購料工作，買定芝麻、紙通、米，這些原料，由會友們協力製作，砌成種種奇巧東西，像時菓、八寶、羅傘、御扇、織女鞋、牛郎冠履……等等。如果自己不製作，也可以向蘇杭店買，不過，

大都想表現自己的智能，多不肯在外邊買回來，而像競賽一般，埋頭苦幹地去製作，所有出品都極奇巧，充分表現中國手工業的長處。

七夕，婦女以乞巧為禱，故盡量通過各項製作表現自己的心靈手巧。這也是源於農耕社會的傳統，時以紡織為婦功之首，婦女怕嫁到夫家會因紡織技藝不佳而遭棄，故極力求巧。不過，到了近代社會，婦女逐漸走向經濟獨立，亦出現立誓不嫁的自梳女，乞巧已不純然為博將來夫家之寵愛，反而更有自我表現的味道，這使擺七夕變得洋洋大觀，不少人還將方桌陳設於樓外，任人觀賞，增添了節日的嘉年華氣氛。

再說「擺」的東西，除了七姐會會友們新砌的東西之外，還有自製的砌品，或精緻名貴的古玩，借出陳列……又有好像小孩子玩具的傢私，布置得像一每客廳一樣，這又不啻含有「家政學」的意味。還有一點含有農事常識的工作，就是把綠豆、穀、芝麻、蓮子、天仙子，在碟子上滋長出種種青綠的苗芽，加入陳列。其次，還有果品七樣：即油甘子、白欖、紅綠花生、富貴子、大頭菱角、香蕉、波蘿七樣。除了香蕉波蘿堆成塔形之外，其餘都用線穿成塔形，陳列桌上，又有餅餌三款：即孖金錢餅、棋子餅和穿心酥。三款都疊成塔形陳列。其餘就是脂胭、水粉、搽油、香水、頭繩、頭臘、爽身粉、雪花膏等一切化妝品。此外還有一座「鵲橋」，是必要的，上邊站着織女和牛郎；梳妝盆也是必要的，上面有一切梳妝的用具和樂器，以及日常用品，每樣七件，還有鵲橋一座在中央。以上兩樣東西，都是紙紮的工藝，近年利用機械，把鵲橋這座東西

1955 年，西營盤第二街街口擺七夕。

1960 年代，街頭焚化七姐盆與七姐衣。

的人物「活化」起來了。

——〈織女牛郎寂寞渡良宵〉,《香港華字日報》1939 年 8 月 21 日。

七夕是一個花費金錢的活動,除了準備慶典的開銷,慶典進行期間消耗亦相當龐大:

她們要在這兩晚——初六初七——高唱八音女伶,還來一個宴會,而七套不同款式的紙製而極為美麗的七組衣履和牛郎衣冠與驅牛的鞭子,要和梳妝盆一起焚化……

她們若是出嫁了,照例那年還要回去「辭仙」。辭仙又要一筆錢,這筆錢照例又要由她的丈夫負責籌措。有錢的固然要多出一點錢,維持體面;沒有錢的,也要張羅張羅。辭仙時,要另加一點錢給七姐會,又要送出燒豬、雞、紅蛋、酸羌這些東西,等到生兒育女,也要送出雞和雞蛋:生子的要蛋一百,生女的五十。在初八早散會的時候,和均分陳列各種品物的時候,同時均分,拿回去自己吃和用。

——〈織女牛郎寂寞渡良宵〉,《香港華字日報》1939 年 8 月 21 日。

漸趨商業化的七姐誕活動

香港的拜七姐活動,發展至上世紀初,已經成為每年城中重要慶典。因參與人數眾多,消費力龐大,啟動了商家靈機,一種由酒店、百貨公司主持的大型商業性乞巧會應運而生,而首倡風氣者,應是 1926 年先施公

司舉行的天台乞巧會。1927年皇后酒店新闢天台，8月2日《香港華字日報》載，適逢七夕，「主人特備應時景物，以助遊興。點綴輝煌，鋪陳華麗，準於初六夕舉行乞巧大會。臨海一面，高架鵲橋，長可數丈。牛郎織女皆以名優喬扮。現已商得馬師曾同意，以馬扮牛郎；又商之陳非儂，請扮織女，現陳正在考慮中。倘陳同意，屆時一對名優，出現於電火齊明之中，笙歌並奏之下，更足增光景物，使遊人樂而忘返也」。這種以名優作招徠的手法果然大奏奇效。其後的8月4日該報稱「皇后酒店天台乞巧會，原定請馬師曾喬扮牛郎、陳非儂喬扮織女。但陳是夕不暇，未允所請，而馬因此亦未能獨自實行。但昨晚婦女界到場，人山人海，幾無容足之地。雖該酒店有升降機三架，亦不敷用」。

到了1929年，廣州公安局據該市風俗改革委員會報告，以七夕為「不良習俗，虛耗金錢，殊屬無益」為由，決定禁止販賣拜仙物品，開始對乞巧風俗進行整頓。經此一變，原為此項傳統重鎮的廣州走向衰落。反觀同期的香港卻更為熱鬧，商業性乞巧會甚至形成競爭之勢。1929年8月8日《香港華字日報》報導了先施百貨公司的乞巧大會：

先施公司天台遊樂場每年節屆七夕之期，必舉行乞巧大會，以備各界之遣興。查今年該公司更踵事增華，搜奇集異。其點綴比往年尤為大觀，如電影噴池水，直鐵道行真火車，海龍皇祝壽，瑤池戲浴，竹林七賢等，皆是奇巧罕見之品，餘如貝闕珠宮，瓊樓玉宇，情景逼真，惟肖惟妙，令前往參觀者如

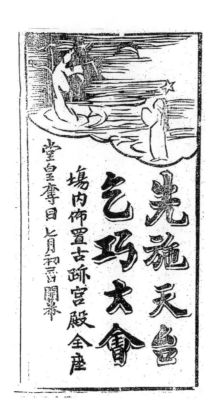

1929 年 8 月「先施天台乞巧大會」報刊廣告

入山陰道上，目不暇給云。

除位於中區的先施公司依例舉辦乞巧會，1929 年 8 月 10 日香港《工商日報》載，位於銅鑼灣的利園遊樂場亦不甘後人，宣佈舉辦乞巧會：

（大禮堂）正座景為水晶宮封相；左邊太白騎鯨，觀音化銀，蔡中興修整洛陽橋；右邊賊王子，夜救佳人，三顧草蘆；門口景為臥龍七友。大□樓中座景為左慈戲曹；左邊水淹七軍，文姬歸漢；右邊醉打蔣門神，豬八戒招親。洋花廳中座景為貴妃乞巧；左邊哪吒出世，湘子得道；右邊幻醉廣寒，太上老君出世；正門口景為銀漢鵲橋，左牛郎，右織女，盤景生花。以上點綴，皆情景迫真，維肖維妙，且會場地方寬闊，能看遠近景，故入場參觀者爭先恐後云。

同年 8 月 12 日《香港華字日報》載，位於北角七姊妹的名園遊樂場亦宣佈由七月初一至初十日舉行乞巧大會：

…… 其中陳列品物，凡數十餘種，俱出自名手所製造……查連夕往參觀士女，往園極眾，莫不深贊良工製造之奇，五光十色，應有盡有，確為自有乞巧以來，所創見者。聞該園主人為饜觀眾起見，再由廣州運到精美乞巧故事多種，比原者更為眼界一新。其中最令人驚奇叫絕者，厥為該幻術團，所表演之京都三上吊。而古玩字畫，誠為希世之珍，價值不資，實為不易得之云。

商業性的參與，大大加速了七夕的世俗化步伐，

使之越來越脫離原本的信仰基礎，剝落了所具有的神聖性，成為一般的節日。特別是隨着本地婦女教育水平提高和就業率增加，其在社會的話語權逐步確立，時又受到內地出現的破除迷信、反對神權等觀念的影響，加上東北淪陷，國運日舛和社會經濟不景等等原因，香港的七夕慶典，在上世紀三十年代中期，開始出現衰落之兆。據 1935 年 8 月 5 日香港《工商日報》報導：

> 昨夕已為乞巧節佳期，在舉行「拜仙」之住戶，實有相當之熱鬧情形，但以一般論，多數之現代婦女對於所謂女兒節之意義，已有明確之認識，故此種妄動熱鬧情形已比往年遜色。同時亦以不景氣瀰漫當中，而舉行「拜仙」之婦女們亦知撙節金錢，對於可免之花費，如娼女伶等多省略。記者又從與乞巧節有密切關係之洋貨店調查，則多謂今年乞巧節應用貨、物之售出已比往年銳減；其次又如各紙紮店出賣之梳妝盒，亦供過於求，不知幾多剩貨。至於各街道中之生菜攤，其生意雖比平時為佳，然亦不及往年乞巧節期中之有好收入。

到了 1939 年，戰雲密佈，七夕活動更為冷落，報紙以「國難嚴重，僑眾撙節。今年乞巧節情形冷淡，紙料生菓購者寥寥無幾。未能免俗，胭脂水粉暢銷」為題，概括此時光景。點出當年的七夕，與其說是神誕，倒不如說是普通城市婦女的購物日罷了。

戰後的七姐誕活動

對於乞巧節習俗的改造，在民國時期內地曾出現各

種意見和舉措，如上文提到的 1929 年廣州公安局禁售拜仙物品。因屢禁不止，1934 年，廣州出現改乞巧節為嫘祖節的建議，認為「我國絲業之發明，實為軒轅黃帝之元妃嫘祖所創始，亦開女子職業之先河。此偉大之女發明家，若在外國，早有相當紀念，然我國則寂寂無聞，獨對於荒誕不經，牛郎織女，尚年年向之乞巧，殊實不當。現為破除迷信，並紀念女發明家起見，特擬將舊曆七月七日改為嫘祖紀念節」。當然，一個有悠久傳統的節日，也不是一紙行政命令說禁就禁得了、說改就改得成的。

香港社會對於乞巧節，也並非沒有批評的輿情，雖然港府從來不曾發佈任何禁令，然而風俗卻在時間巨流中逐漸改變。在上世紀三十年代中期開始，不少由傳統士女組成的七姐會，因種種原因出現解體，組織活動的主體，開始轉變為以基層職業女性為主組成的七姐會。1941 年 8 月 29 日香港《大公報》的〈乞巧無力〉一文稱：「查本港舊式婦女，前多組織『七姐會』，惟年來思想轉新，解體者不少，今年舉行盛大之集會者，恐已不多，參加此種會者多為工廠女工。」二次大戰後，香港社會遭受重創，發展舉步維艱，七姐誕盛況更難與昔日相比。1951 年 8 月 9 日的香港《工商日報》載：「……大規模之拜仙會，則已不大多見……昔年最稱富有之堅道，每逢此日，則遊人如鯽，欣賞各富戶拜七姐之鋪陳，但時移勢易，環境變遷，昨夕該道中住戶之稍具鋪陳者，僅寥寥一二家。」雖然如此，七夕傳統在戰後仍不絕如縷，並出現新的發展，這些由基層職業女性組成

的七姐會實在應記一功。

　　從經濟實力看，雖然基層職業女性不如商人階層的舊式女性，組織能力卻大有過之。這些七姐會約可分為兩類：一類是因成員住地接近而結會；一類是因彼此為同業或工友而結會。而部分七姐會其實有着工會背景，他們結會參與七夕的目的並不在於祈求神佑而在於團結工友，爭取權益，節日的活動方式自然與傳統有異：

> 不過，在今年的乞巧節中，值得一提的該是「牛郎」「織女」歸隊到勞動人民隊伍去了。過去稍為盛大的乞巧會，都是些富豪巨賈們的家庭婦女，在新廈裏擺上幾十桌的陳列品，任由人家自由參觀，來藉此炫耀她們的富有，可是到了今天，這種現象已經沒有了，代之而起的盛大乞巧會，是工會裏的女工們所舉行的晚會，她們在會中，從事團結和教育自己的姊妹，去認識「牛郎」「織女」的時代已經過去了。她們今後都是自由而幸福的人民兒女。
>
> 　　昨晚紡織染工會舉行的乞巧會中，表演了《牛郎翻身》、《織女解放》兩幕話劇，非常精采，引得大家歡笑鼓掌叫好。義賣柑欖隊異常活躍，到處穿插人叢中，他們準備把賣得的錢全部拿來救濟失業及醫藥之用。
>
> 　　——〈七夕乞巧節花花絮絮〉，香港《大公報》1950 年 8 月 20 日。

　　由於傳統的穩定性，戰後初期的整個五十年代，賀誕活動形式大概也是新舊並存的。據 1957 年 8 月 1 日《大公報》載，「『七姐會』在香港是相當普遍的，尤其是西區、東區以至香港仔、筲箕灣等區，往往幾條街之

內，今晚就有十個以上的『七姐會』出現。『七姐會』主要是一些街坊少女們的組合，規模大的逾百人，普通的有三數十人。她們各人每天儲蓄一角至兩角，由一個會頭收集，儲蓄一年，至乞巧節前幾天即分還一部分，讓大家縫新衣、置新鞋等等，留下一部分待今晚花費」。這是傳統的七姐會組織形式，只是參會人數比戰前大大增加，而會銀卻顯減少，反映了這些七姐會的草根性。有意思的是，同一份報紙的同日又另文報導了工會主辦的七夕活動：

> 港九洋務工會定今晚在九龍該會遊樂部舉行晚會，由工友表演舞蹈、歌詠，並演時裝粵劇《珠江淚盡歡樂來》，晚會上另有每人一份七姐禮物。昨、今兩晚在該會婦女部及初七、初八在總會並舉辦手工展覽，義賣女工編縫的枕套、童裝等日用品，籌募福利費，參加者可先到該會領參觀券。
>
> ……
>
> 港九車衣工會定今、明兩晚在九龍該會工友服務部舉行聯歡晚會，到時大家都穿上了同一款色的新衣裳參加聯歡。晚上表演遊藝節目，有舞蹈、歌詠、口琴、吹簫、話劇等助興，會後並每人分發一份七姐禮物。

1960 年代，新舊活動形式漸趨合流。1962 年 8 月 6 日香港《工商日報》報導：「在慶祝乞巧節中，惟一尚能保持歷向儀式者，當推一般工廠女工及各區街市之婦女小販，與及水上人家，彼等每年均有拜仙會、七姐會等組織，參加人數最少者為七人，最多者達數百人，而以二、三十者為最多數。本港之西營盤、灣仔、筲箕灣、

中環等菜販，及深水埗與紅磡區之女工，昨晚特別活動，有在天台陳設，大唱八音女伶，置酒聯歡，有排整日節目，包括旅行、看戲等莫不盡情快樂。」

至此，七姐誕完全世俗化了，神話意義已相當淡薄，當人們把七夕節過得類近於三八國際婦女節時，亦即從根本上為此傳統節日敲起了喪鐘：

> 乞巧節一年比一年冷落，當然是社會進步與婦女們智識水準提高的一種表現，實在是一種好現象。事實上，現在一般少女，都不會相信七夕牛郎織女銀河相會是一種事實，把它作為一種神話來看待固無不可，如果焚香膜拜來乞巧，實在是無謂的，因此；除了極少數的舊式家庭迷信的老婦人還購買一些香燭冥鏹神衣作為「拜七姐」之外，多年前曾經踵事增華的乞巧會，如今已是烟銷雲散了……明白說，乞巧節現在已經不會發生作用了。

——〈乞巧節盂蘭節市按年遞淡〉，香港《華僑日報》1966 年 8 月 22 日。

隨着經濟的增長，以及經歷過 1960 年代中期的政局動蕩，社會整體文化氛圍產生相當大的改變。面對戰後西方新文化思潮的強大衝擊，香港華人傳統文化陷於發展低谷，父權文化與婦女地位呈此消彼長之勢。港府於同期實施廉租屋政策，1970 年代更推出十年建屋計劃，市區隨即擴展，大量核心家庭從傳統社區遷出，社區生態產生根本改變，一些久延殘喘的七姐會亦因而渙散，七姐誕與香港也漸行漸遠了。

結語

　　傳統的消亡並不是突發性的，七姐誕慶祝活動也不可能在上世紀六十年代中期之後就全部神秘消失，只是個別的、零星的慶賀，與昔年「燈火到天明」的場面根本不可同日而語。正如今天香港的婦女也不可能回到過去父權專制時代，三步不出閨門，只憑父母之命、媒妁之言，自己的婚姻便被決定了。現代婦女不論是否熟悉牛郎織女傳說，相信對於他們的愛情故事亦無任何憧憬。所以，若七夕的慶賀只是由於婦女對愛情的渴求，其消亡亦無足為怪。不過，愛情並不是七夕的全部，七姐誕首先是神誕，它又有少女們乞求神靈賜予巧手，並以之承擔起家庭和社會責任，與男子平權的內涵，這更是兩性社會一個永恆的主題。神誕將神請走，等於潑洗澡水連孩子一同潑走，會使事情變得毫無意義。日本人慶賀七夕的傳統奉行至今，稱為七夕祭，是每年重要節誕。節誕當天，他們會弄來很多竹子，然後在竹子上掛上五種不同顏色的紙箋，向神靈祈願。這五種顏色代表五種不同的內容，分別為：綠色，代表仁，希望提高親和力；紅色，代表禮，表達對長輩的感謝和祝福；黃色，代表信，以示對知己和友人的信賴和珍視；白色，代表義，表達克盡義務和規定的決心；黑，代表智，祈求學業進步。這種託庇神靈而積極向上的態度，恰可與傳統中國的乞巧節主題遙相呼應。也許，若我們能尋到這種節誕的原始意義，而不是簡單辦成嘉年華，那麼把七姐誕從博物館請出來，讓它再回到我們的生活中，賦予其新義，也不一定完全是夢想。

註釋

1 李亞妮:〈女兒節的狂歡與日常 —— 對曹家莊村乞巧活動的社會性別觀察〉,見《婦女研究論叢》(北京:中華全國婦女聯合會婦女研究所,2007),第 83 期。

2 《廣州歲時記》,見胡樸安:《中華全國風俗志》下冊(石家莊:湖北人民出版社,1986),頁 377。

3 「與其他地方不同的是,廣東的女孩子多在七月初六夜裏進行祭拜七姐的儀式。據廣東東莞鄧爾雅(1883-1954)的《癸亥七夕竹枝詞》的記載:『紙醉金迷鬥巧工,民間俗尚仿深宮。改將七夕從初六,南國猶存五代風。』此詩表明了七夕改為七月初六過這一習俗始於五代,因為那時七夕這天,所有大臣必須到皇宮參加乞巧會,所以家中的乞巧日只好提前一天。」見羅丹、徐天基、曹新玲:〈作為交往方式的七夕乞巧 —— 廣州市珠村乞巧節俗調查報告〉,《民俗研究》(濟南:山東大學,2009),第 1 期。

4 「廣州地區歲時舊俗。七月初七晚男子要『拜神郎』,拜時立於檐前,謂可免生疥瘡。」見葉春生、施愛東主編:《廣東民俗大典》(廣州:廣東高等教育出版社,2005),頁 90。

下編

廟宇的社會管理

　　神靈既不離於生活，廟宇自然不可外於社會。傳統中國設
祠部直接管理宗教，以倡教化，亦藉以打擊神棍。民國成立，
信仰自由，民國政府卻繼承晚清以來「廟產興學」的主張，
落入既有違文明社會主流價值又參與搶奪廟產的困局。港府
於 1928 年訂定的《華人廟宇條例》，取法內地，把立法重心放
在廟產管控方面，具體執行上，卻隨時代而異，具有相當的彈
性。內地不少傳統宗教大德聞風而至，甚或落地生根，在本地
華人社會精英的支持和配合下，高樹法幢，廣營善業，為中國
傳統宗教信仰的現代化，譜寫出動人而別有深意的新一章。

04

傳統信仰與
宗教的世俗化

何謂世俗化？一向以來中外學人對世俗化一詞之理解不盡相同，美國學者拉里・席納爾（Larry Shiner）的有關分析，相對影響較大，他認為世俗化概念大致包括六個方面：宗教的衰退；宗教團體的價值取向從彼世向此世轉化；宗教與現實社會關係分離，成為私人事務；各種主義發揮了過去由宗教團體承擔的職能；世界逐漸擺脫其神聖性質；神聖社會向世俗社會轉化。

傳統的中國民間廟神信仰，神靈總是遍現於實際生活中，與信眾成為命運共同體。在「舉頭三尺有神明」的國度中，人們日出而作，日入而息，然而這種平凡常規一般人會相信是源於神靈的庇佑，由此充滿莊嚴與神聖，神靈亦得到信眾的由衷感恩。雖然是泛神信仰，但不等於所有神靈在信眾心目中都是同等分量，事實上基於種種原因，信眾均有自己更為親近和信靠的神明，甚至終生不渝的廝守。由於廟神信仰在民間影響的深入和廣泛，統治者一向視之為不可或缺之雙刃劍：一方面，通過遍布民間的廟神信仰，統治者不但可將之作為傳播之工具，把忠孝仁義與廟神信仰結合，成功以神靈無邊偉力，打造出民眾的自我心理監察，達到「思無邪」的效果；另方面，統治者對於神靈不可思議的影響力和廟宇作為公共空間的聚眾作用，卻又有着高度敏銳的警覺性，並不時以淫祠甚或治理邪教為由，予以殘酷鎮壓。不過，強權只能有效於一時，並不能根本改變信仰與民間的密切關係，只要百姓仍然自覺生活在託庇於諸神靈佑的平凡實在又不可思議的世界，傳統廟神信仰都會在統治者又張又馳的政策律動中，不斷地一次次的被毀壞

和重建，彷彿超越時代，進入永恆。

　　香港雖是蕞爾小島，卻是廟宇林立，香火鼎盛，反映了其作為中國領土，雖淪入外侮超過一個半世紀，文化深層仍由古老中華統攝。不過，作為中國最先進入現代化的城市，香港傳統宗教信仰的發展有着與內地不同的遭際，特別其在世俗化方面的歷史經驗，更值得好好總結和借鑒，以助探索傳統信仰和宗教文化在現代的發展之路。

早期民間信仰與族群

　　清末外交官黃恩彤在其著述《撫遠紀略》中稱香港只是一個不毛之地：

> 香港本海中荒島，在急水門外，地屬新安，距縣城一百餘里。舊有蛋戶十餘家，傍岸寄居，捕魚餬口。

　　因為黃恩彤是中英《南京條約》的承辦者之一，他不免會把香港貶得毫無價值，以示朝廷所失之土地其實並不重要。倒是英國人所記較為真實。據 1841 年 5 月 15 日，港府根據實際調查，在《轅門報》發表的首份關於人口的報告稱，開埠時香港有人口七千四百人，包括本地居民四千三百六十人，外地來經商、居於市場的八百人，在艇上居住者兩千人，因為建設香港需要而從九龍半島來者三百人。這裏的所謂市場，即 Bazaar，亦譯作市集，指當時新來港移民之聚居點。1844 年，郭士立進行人口調查時已有上中下市場之分。據施其樂的研

究，上市場就是今日港島太平山、西營盤一帶；中市場即結志街、嘉咸街一帶；下市場是蘇杭街一帶。居民有農民、漁民、打石工人和小商販。島上的廟神信仰則以海神為主，有鴨脷洲洪聖廟、赤柱天后廟和銅鑼灣天后廟，反映了香港作為小漁港的本來歷史面目。

對於香港地區天后廟的選址，香港學者廖迪生注意到了其中的突出現象，他在《香港天后崇拜》中稱：

……為何選擇在某一個地方蓋天后廟呢？在香港，一個頗為流行的說法是，人們發現漂流的天后神像，認為這是天后要在那裏蓋廟的意思……港島銅鑼灣天后廟的創建也有一個類似的傳說，根據現時天后廟的負責人戴氏所述，他們的祖先在銅鑼灣定居時，住在海邊的寮屋。有一天準備午睡的時候，看見一塊浮水石漂來，便隨手把石丟到遠處，但石還是漂回來，因而猜測浮水石是天后的代表，於是便在該地蓋起天后廟來……我認為「神像漂流」故事的重心，在於強調各天后廟之間的平等關係。當神像是漂來的時候，一間天后廟的建立與其他天后廟之間並沒有任何從屬的關係。事實上，香港各個天后廟之間各自獨立，各有自己的信眾基礎，自己的慶祝活動，這與台灣的天后廟之間的階序關係很不相同。

客觀上，這種現象也許反映了早期香港崇信天后者以蜑民為多的現實。曾在香港滘西漁村長期進行田野考察的人類學家華德英（Barbara E. Ward），認為浮家泛宅的水上人的社區認同，早期主要取決於兩個因素，一是他們可以通過該社區的小商店獲得貸款，從而得以渡過休整漁船的艱難日子；二是與該社區神靈建立了崇拜與

庇蔭的互動，通過神誕及其他節慶活動，建立起年度的生活節律。她在〈香港的一個漁村〉一文稱：

……這些船主宣稱他們只要還記得滘西他們就會回來，理由很簡單，就是他們感覺到他們對他們的神靈負有一個義務——他（神）居住在廟宇內面；他多年來保護他們；他們一定要回來滘西感謝神恩和懇求神靈繼續賜福。

談及這些神靈法力的故事，洪聖公，令人相信的很多。在兩個單獨的情景中，有兩個漁民在滘西節中違反了習例即船不能出海而後來遇難：其中一艘舢舨船主和他的太太在捕魚中被火燒毀——火水燈突然爆發，而他的太太受到可怖的灼傷，幾乎雙目失明（她現在仍在村內，她的丈夫現在是負責打理廟宇）；而另一艘船在突然的狂風下翻轉，雖然他沒有喪失生命，他卻喪失了差不多所有的財產，包括他正在準備為另一島的不同神靈所供奉的整隻烤豬。

顯然，出於社區認同的需要，蜑民信奉的神靈，除了靈驗，也不能不顯得有點排外。以此角度看香港天后信仰的「漂流」現象，亦可見其中的奧妙。

早期民間廟神信仰與族群之間的這種親密關係，不單見於天后與蜑民，也可見於其他神靈信仰，諸如譚公信仰與惠東水上客家及打石工人；三山國王信仰與潮汕族群；樊仙信仰與經營陶瓷生產的大埔碗窰馬氏等。英國人在香港實施佔領後，為免引起不必要的社會動蕩，1841 年 2 月貼出告示，承諾「至爾居民，向來所有田畝房舍產業家私，概必如舊，斷不輕動。凡有禮儀所關，鄉約律例，率准仍舊，亦無絲毫更改之議」。[1] 告示所稱

的禮儀，就是說其視之為本地禮儀的華人民間信仰，亦一律予以保留，各族群建基於廟神信仰基礎之上的生活節律得到保持，使居民在一定程度上得以安然渡過自香港開闢以來前所未有的巨大社會震蕩。

香港開埠後，人口迅速增加，港府撫華道郭士立（Karl Friedrich August Gützlaff）於 1844 年 4 月所作的人口普查顯示，居於香港市場的人口已上升至五千七百八十三人，總數已超越香港其他地區。聚居於市場的新移民，已形成香港主要的華人社區。同年，港府宣佈在華人社區實行保甲制，保、甲長由各處自行推舉，巡理府管轄。依據港府的不干預承諾，繼承集廟議事的傳統。1847 年，香港華人有力人士，集資在社區中心位置建成文武廟。這座廟宇從創建之日起，便成為區內華人的重要自治機構，廟旁設公所，作為華人領袖聚眾議事之地。在 1853 年，又責地保以「促成和解」之任，變相授予文武廟裁決之權。文武廟位高權重，1857 年，西營盤、太平山、上環及中區四區組成的四環盂蘭公所，便是在此成立的。公所大門上書門聯：「公爾忘私，入斯門貴無偏袒；所欲與聚，到此地切莫糊塗。」此聯雖撰於 1862 年，仍反映出當日華人確曾於此斷疑決訟，排難解紛。「根據施其樂牧師（Carl Smith）的考證，文武廟建成之初曾在港府的報告中被列作華人『會堂』（town hall），這反映了文武廟作為華人議事和仲裁場所，某程度上是港府默許的」。[2] 不過，對華人於文武廟內集廟議事，港府從沒有在法律上加以肯定，反映這實際只是一種權宜之計。由於英人對華人自理訟訴的不

滿增加，特別是隨着 1861 年 1 月，英國成功強租九龍，香港轄境擴大，華人人口上升，保甲制度已不合時宜，港府於同年 6 月宣佈正式廢除。對華人管治此後均依據港府頒佈的法律和法令，由華民政務司兼撫華道直接管轄。文武廟的議事功能仍在，但裁決權喪失，光芒不再。香港華人開始被驅離自己熟悉的、充滿神聖秩序的傳統社會。

文武廟雖曾有着華人自治機構的顯赫，但到底仍是廟宇，廟神與信眾之間的互動仍是十分重要的。此廟供奉文昌和關帝，一者司祿命，奉為科舉之神；一者彰忠勇，奉為武舉之神，素為國人重視。早年移居於香港地區的華人，一般是小商販和勞工，與科舉關係不大。其設祀文武二帝，其實偏重在關帝。因關帝一向高揚信義，而商人首重信用，義結四方，故深受崇奉。而且，此廟又作為華人仲裁之所，關帝正義公正之形象，無疑亦可取信於公眾。再說，文武廟創建以盧景和譚才出資最多。學者丁新豹在其〈香港早期之華人社會〉中稱：

⋯⋯盧景是兵頭船買辦出身，手下黨羽眾多。香港割讓後，儼然以幫會領袖出現，領導華人社會。幫會中人，首重義氣，而關羽正是忠誠義勇的化身，故幫會中人對關羽奉祀至恭⋯⋯譚才原以承建工程致富，手下也有一班工人。譚才以「輕財仗義」名於時，他曾僱用香港洋人，租船回鄉協助開平本地抗擊客家，足見其頗具俠義之風，他出資籌建文武廟，與崇尚忠義，恐亦不無關係。

顯然，上環文武廟之文武二帝，在此間實為地區之

上環文武廟，攝於 1900 年。

保護神，故舊日二帝神誕均有繞境出巡之舉，廟內今存
1862 年和 1885 年鑄製的兩頂鑾輿，正是為此而興造。

與本地區居民息息相關的廟宇，尚有又名「百姓廟」
的廣福義祠。此廟於 1851 年由本區行業代表及商人以坊
眾名義向港府申建，原來帶有屬於傳統所謂「陰廟」的
性質，用以安奉客死異鄉、祭掃無人的來港人士牌位，
使孤客得有一個被奉祀之地，免流落成厲鬼，為禍陽
間。之後若其家屬有日來港，可領回神主回鄉祭祀。隨
着來港人士不斷增加，而且出於經濟原因或他們對於西
醫的恐懼而不敢求醫，所以客死者眾。廣福義祠逐漸由
單純安奉死者牌位，進而用以存放死者棺木，不少垂亡
者為得死後安寧亦主動或被搬進祠內，個別貧病者亦以
此廟作棲息地。死者病者生者，同處陰廟，等待最後一
刻到來，在今天雖然不免被譏為愚昧，但從傳統信仰的
角度看，卻也可看到這群死者和瀕死者心存的善念，以
及他們託庇廟靈在絕望此岸，尋覓希望彼岸的悲壯。

傳統民間信仰隨時代轉化

從香港開埠直到十九世紀末二十世紀初，傳統民
間信仰對港人的思想行為仍然具有相當重要的影響力。
人們竭盡全力，沿着既有的老路，維持着一個神祐的世
界，儘管社會環境有着翻天覆地的變化。例如 1854 年，
港府通過教育委員會的改革建議，將資助學塾收歸政府
直接辦理，改稱「皇家書館」或「國家義學」，卻在招
生方面遇到困難：

蘇為救世之主由是而舍舊從新則藉是以俾身齊家治國將見國運日興必
如水之就下沛然莫能禦也

歐羅巴新聞畧

英五月二十四日接到大英四月初九日新聞紙畧云近因哥羅美地冬寒既
退俄與英佛相持愈力彼此互有援兵壓戰迨無虛日俄軍雖屢次失利而兵
士衆多城堅砲利英佛欲下其西巴士多卜得城正未知期在何日溯省在哥帝
臣哥拉末崩之先因羅美元帥師勞無功遠下令條調回京不料兵帥于哥
羅美身已受傷未到京都路上身故○目下天氣和暖波羅的海冰浩船便往
來英國已準備戰船一大夥前往該海攻喫俄羅斯北邊兼柜其兵砲便不得
出于大洋所備之戰船共計六十號內中火砲二十七號一總大砲共二千
五百九十八位砲手水手等共一萬九千零四十九人諒天下諸國從無有戰
船能與相較者旦梘師防禦慧密于沿海一帶多設砲臺又于海底多藏暗器
以阻樓板船到時兩邊定多傷害也○歐羅巴武備具載而三軍之士

如能如羅如虎如貔以此攻城有城不克而現在諸國公使大臣咸集澳大利
京都商議和約惟是新聞紙所載其議恐不能成因英佛所討者約澳大利
所許者約澳大利既與英佛同心獨習習士猶豫未決或有謂習士既懷
貳心英佛必當與師同罪誠如所言則歐羅巴一洲又多一番兵戈之思也

港內義學廣益唐人論

大英自開港以來皇家每于該處村塲設立義學以啟發童蒙無非胞與為懷
不忍困蒙之各近聞香港赤杜等處竟多有不在義館而學者誠恐學士猶豫
其父母不喜其子姪誦讀聖經書且嫌館內不安寧且為因
書始終教人為善法惡其有益人身心者更大且為唐人居本
港即屬英憲治下誦習此書有何不可至若父母意不欲其子弟誦習
此書則俯書達知該學先生使其專讀唐書亦可無斷不以歸信而強人至
于設立文昌帝君衙位皇家書館決不准行蓋有犯于
上帝聖諭且亦無
益于人殊屬無為今港內日就太平無事之時正值偃武修文之會故于各處

刊於 1855 年 6 月《遐邇貫珍》的〈港內義學廣益唐人論〉

近聞香港、赤柱等處，竟多有不在義館就學者。詰其所由，乃因其父母不喜其子姪誦讀耶穌經書，且嫌館內不安文昌帝君云云。

——〈港內義學廣益唐人論〉，載《遐邇貫珍》1855 年 6 月第 6 號，香港：香港英華書院。

在民間看來，誦習耶穌經書，皈依成為信徒，顯然是對傳統的反動。不拜主司祿命的文昌帝君，不但攸關其子弟的個人仕途，更是影響家族發展的大事，因此拒絕進入港府提供的義學，寧願花費金錢於私塾就讀，成為華籍居民普遍的選擇。由此亦可見，即使香港管治權更迭，統治文化完全不同，經濟也正迅速由傳統農耕模式向近代商業化模式轉化，然而在當時的華人社會，傳統信仰依舊發揮着強大的作用。

不過，保甲制的廢止，英式法律的全面實施，並沒有改變香港華人經濟的發展步伐。華商因應香港自身的政治位置和地理優勢，不斷開拓國際貿易。南來北往的客旅，充足且及時的資訊，與外國人頻密的交往等等，都大大拓展了在港華人的視野，而且更使到華人社會在不斷壯大的同時，越來越趨向知識化和理性化。他們開始習慣以法律維護自己的權益，用社會行動達成集體訴求，集結成團體爭取社會話語權。例如 1868 年，中醫吳天池狀告《中外新報》妨害名譽，後雙方庭外和解，這是香港開埠以來首宗華人名譽誹謗案；1863 年 10 月，港府頒佈第 6 號《車馬轎管理條例》，向車伕徵收車牌費，引起全港人力車伕集體罷工。工潮持續三個月，直到港

府修正條例方結束；1868年，南北行公所成立。該公所以「策同業福利，謀市面繁榮」為宗旨，時為香港商界實力最強、組織結構最完整、跨地緣關係的行業聯合組織。這些例子都說明港人已逐漸適應這個由基督信仰設定的西方化現代社會：

舊約聖經設定了一個上帝，他站在世界之外，宇宙是他的創造物，但卻與他對立，未被他所滲透……很有意思的是，《創世記》的敘述以創造出人作為結束，人是一種與其他一切被造物大不相同的存在物，就是說，人不僅與上帝，而且與其他被造物都是明顯地不相連接的。我們發現，超驗的上帝與人之間在聖經中的這種根本的兩極分化，還有二者之間徹底除去了神話特徵的世界，在這裏都得到了非常清楚的表述。

歷史化的主題已經包含在這種兩極分化中，喪失了從神話設想的神力的這個世界，一方面是上帝進行偉大活動的場所（即所謂 Helisgeschichte〔德語：神聖的歷史〕的舞台），另一方面是高度個體化的人的活動舞台（即「世俗歷史」的舞台）……

可以說，上帝的超驗化以及隨之而來的「世界對巫魅的擺脫」，為作為神與人的活動舞台的歷史開闢了一塊「空間」。神的活動由完全站在世界之外的上帝進行，而人的活動則以人的概念中重要的個體化過程為前提。人作為歷史中的行動者出現在上帝面前……單個的人越來越不被視為神所設想的集體性之代表（那是古代思想中的特點），而常被認為是特殊的、獨特的個體，以個人身份進行着重要的活動。

——〔美〕彼得‧貝格爾著，高師寧譯：《神聖的帷幕》，
上海：上海人民出版社。

這個遠離上帝，擺脫巫魅，端賴個人奮鬥的世俗
舞台，對於中國傳統廟神信仰自然充滿鄙夷。1868 年 6
月，香港著名律師湯麥斯‧安斯德就曾公開表示，英國
海外殖民地法庭上非基督徒所使用的誓詞，根本無法約
束他們說謊，而香港尤為嚴重。那些怪異的宣誓方式，
如斬雞頭、摔水碗、燒黃紙等，連中國人自己也不信，
怎可能有任何約束力。因此他提出為保法庭應有的尊
嚴，上述所有怪異宣誓方式理應廢除。雖然他的建議當
時未有得到接受，但值得注意的是他所謂的怪異方式，
其實在文武廟尚有裁決功能時曾普遍使用。僅僅幾年
間，這些一度行之有效的方式竟已經成為唬弄洋人的技
倆，原因與其說因為華人狡詐，倒不如說是事過境遷，
離開了文武廟諸神監察，這些神聖的儀式只剩得軀殼。
移到洋人的法庭上，不但不會起死回生，反而無可奈何
地成為非基督徒華人應對西方世俗世界的工具。

更無奈的是，隨着經濟的發展，世俗世界的合理性
越來越使到傳統世界的神聖變得不合時宜、滑稽、冷漠
甚至殘酷，並成為不可不加以改革的理由。前述廣福義
祠死者病者生者同處陰廟的慘況，華人社會亦曾嘗試改
善。1866 年，華商范阿為等四人入稟港府，要求建立一
間中醫院及棲留所，收容無依的華籍病人。港府則先要
華人購得所需用土地方才考慮批准，事情便不了了之。
1869 年 4 月，港府總登記官巡查廣福義祠，發現義祠情

況慘不忍睹，仿如人間地獄，並擔心會對人口密度不斷高升的華人社區造成公共衛生問題，從而成為全港的疫病安全隱患。事件曝光後，港府飽受西方輿論抨擊，遂派出人員進行深入調查。據《1896年調查東華醫院委員會報告書》（中譯本）稱，祠內：

> 共有9人或10人，其中有生存者，有死亡者，內有1人似因消耗肌肉及痢疾而將死者，困處一隅。其地位廣闊，僅堪容其所眠下之木板，而高度復不足以企立。其間別有1房，中有1板，上臥兩不幸之人，奄奄待斃，並1屍體同臥其間。而堀地之上，滿注便溺。鄰之房，有工人焉。該院（指義祠）理人謂，其人俱已死去，惟就驗之，其一尚屬生存。見之苦力，不禁為之咒罵。其餘之房，住有悽愴而病骨支離之人，不能言動。其所披之破衣，似自入院以來未嘗一易，而其所遺矢溺，使見者其不快之狀，不能喻以言也。

1869年4月23日，港府下令關閉廣福義祠；5月，港督向布政司正式提出設立中醫院建議；6月，港府同意由何亞錫、梁安等華人商界領袖二十人組成籌建委員會，負責有關集資募捐；11月，港府獲英廷批准，撥出上環大笪地普仁街西面地十二畝建中醫院，定名為「東華醫院」。翌年初，港府定例局通過《華人醫院則例》，從性質和組織上對東華醫院加以限定，使之不但成為服務華人的慈善團體，亦是一個在港府絕對權威之下的、全港華人利益的代表機構，以協助港府對華人社會施政。在港府的監控下，東華醫院擁有相當大的自主性。作為一個法人團體，通過規定的近代組織體制，既能最

大程度地團結各方華人領袖的參與，亦能透過建立科層化的管理架構，實際維持本身有效運作。

1872年2月14日，東華醫院舉行開幕盛典，這被認為是香港歷史上華人社會空前的盛大集會，分上下午舉行。下午為港督麥當奴到場觀禮並發表演說，這是開埠以來港督首次參與華人機構的開幕，足見港府對東華醫院創立之重視。麥當奴在發言中稱，東華醫院之建設，乃為了代替昔日之義祠，免除病人一切非人道待遇之積弊。院方並贈診施藥，免費留醫，而且採中醫療法，院務亦完全由華人自理等等，強調港府在尊重華人傳統前提下，改革陋習，貢獻新猷的德政。饒有意思的是上午典禮開幕之前的儀式：時新任院董，本地頭面的買辦和南北行華商，個個身穿清朝官服，頂戴花翎，先在文武廟旁公所齊集，鳴炮三響，全體向中央書院進發，轉入歌賦街，行經鴨巴甸街與皇后道交界的仁記洋行，即沿文咸街而轉入上街，直趨東華醫院，然後在院內奉祀神農大帝。

對於東華醫院法統的認知，華洋之間當時存有不少的差異。對港府來說，東華醫院是廣福義祠的延續，這不僅是從事情發展邏輯而得出的合理判斷，更重要的是從事件的性質來看，廣福義祠固然是華人奇風異俗的產物，但以西方的觀點，中醫學也不見得更容易理解。實際上自從廢除保甲制，實施直接管理，由於對華人風俗缺乏了解，在1860年代港府一直致力改善與華人的溝通，溝通的措施包括建官立學生制度，刊行港府憲報中文版，並積極推行世俗化的西式教育等等。然而對於

華商 1866 年籌建中醫院提議的消極反應，與 1869 年廣福義祠事件的曝光及惡化，兩者有着清楚的因果關係，顯然港府為改善與華人溝通的、自上而下的舉措並不奏效。港府亟需設立自下而上的與華人溝通的平台——而這正正就是其重視東華醫院的理由。

從華人領袖的角度看，他們當時顯然認為東華醫院秉承的是集廟議事的傳統，其法統源於文武廟公所，所以隆而重之將文武廟公所作為東華醫院開幕典禮的起點，這與今時今日東華三院的官網稱，東華醫院是源自廣福義祠的口徑，大相逕庭。關於負責監察東華醫院議事的神靈，據說初期董事局曾有爭議，最後因持反對意見者無法提出另一位神靈而確定選奉神農。奉祀神農，除了傳說神農嘗百草，是醫藥之神外，亦因為他是教民耕種的糧食之神。東華醫院的創辦除了贈醫施藥，也要為在港華人的生存議事發聲，也許這正是院內最終同意奉祀神農的理由，亦可見當時出任東華值理（後稱總理）的華人領袖們之所自命。由主司祿命的文武二帝，轉奉主司百姓醫藥和糧食的神農，亦可清楚看到華人領袖從官僚本位轉向百姓本位，從高揚傳統道價值轉向重視實際生活，從神聖走向世俗的遞邅之跡。神農大帝作為東華醫院主神，每年清明、重陽，醫院會舉行祭祀儀式，初一、十五及傳統節日醫院均按習慣敬拜神祇。董事局每年年結必向上稟報醫院運作情況，並在神靈面前焚燒是年工作報告，請求神明作證，以示董事局各成員大公無私。雖然如此，但相比文武廟作為開放公眾參拜的廟宇，東華醫院的神農大帝僅限於本院成員參拜，所奉

天生蒸民
乃作之君
偉哉桑王
克崇厥勳
豐華百穀
利溥人群
又嘗百草
性別甘溫
因病施藥
葆生袪氛
高厚大德
萬載禰真

奉於東華醫院大禮堂的神農聖像

神靈的影響力不可同日而語，東華董事局諸總理每年行禮如儀，對公眾來說不過是尊重傳統的形式，具有世俗的莊嚴，卻難以令人產生神聖的共同感。不過，公眾亦知道，東華不需要神靈提供背書，受港府及相關法律的監管，其組織和制度，其實亦足以為其公信力之保證。

隨着東華醫院的發展，這種世俗權力取代神佑的趨勢越來越清楚。在東華醫院成立後，失去議事功能的文武廟雖仍是一間香火鼎盛的廟宇，卻在時代的迷霧中越發顯得模糊，只能仰賴東華的指引。從東華成立之日開始，文武廟就積極予以捐助，成為東華重要的善款來源。不少東華總理亦同時擔任文武廟值理之職，因而無論對廟嘗的增值或是運用，東華都有極大的影響力。到了二十世紀初，港府以該廟原先登記的值理大多身故，恐怕產業發生法律問題為由，於 1908 年通過《文武廟條例》，將文武廟及其廟產交由東華管理。至於廣福義祠，在經歷 1869 年的風波後，曾作為中醫診所，直到 1872 年東華成立方結束，並於當年劃歸東華管理。

西方法律語境對民間信仰和宗教世俗化的推動

對於有關東華開幕典禮當日分為上下午兩個階段的西報報導，學者何佩然在《源與流 —— 東華醫院的創立與演進》中分析如下：

……上午是祭祀神農儀式，政府沒有派代表參與；下午督憲到醫院發表演說，沒有民眾旁觀。開幕當天上、下午的兩種

截然不同的儀式，形象地說明東華的出現，對各階層華人及香港政府來說，是兩種不同的社會需要。不過作者把總督的演說視為醫院的「正式開幕典禮」（Formal Opening），而華人祭祀儀式只視為「典禮前奏」（Preliminary Ceremony），顯示西人認為政府在創建東華一事上扮演領導角色。

在當年的西方人眼中，華人許多的風俗是不可理解的，進入典禮儀式，亦甚不得體。因為典禮是在特定場合進行的正式的儀式，把上午華人進行的典禮，稱為前奏或開端，雖然非正式，但視之為典禮的一部分，已算是不少的讓步。

作為一個基督教國家，英國的宗教世俗化開始得較早。1571 年，英國國會便通過立法形式，頒佈《三十九條信綱》，規定由國王兼任教會最高領袖。1688 年光榮革命確立君主立憲，使王權逐漸退出管治領域。十九世紀開始，英國國內工業資產階級開始佔據政治舞台，進一步開闢國內外市場成為國家發展的頭等大事。貿易自由政策，帶動自由主義精神滲透社會各個層面。隨着英國海上霸權進入東方，本着自由主義的精神，殖民者們一般都會以充分的理性，凡事從實際出發，追求功利，所以即使他們對於有關民情風俗如何不理解，也不會隨便實施干預。

對香港的管治，港府同樣是採取這種態度。如與印度童婚同樣為人詬病的香港的蓄婢風俗，早在 1870 年代末，時任香港正按察司的司馬理廉訪（Chief Justice, Sir John Smale）於一宗發生在港的買良為娼案之判詞中

指出：「買賣婢女，均有罪名」，觸及廢止蓄婢風俗的問題。當時，華人紳商蓄婢成風，遂大為恐慌。為此，1879 年有華商等上書港督，辯稱此風俗實為貧苦兒童一條活命之路，並特別援引開埠之初英軍登陸貼出的告示，要求維持蓄婢：「且闢港之初，伊督（義律 Charles Elliot）曾懸示諭，欲港招徠，謂此後華民在港居處，概從其風俗治理等語，此示一出，至今人皆仰之，故華人在港，凡內地風俗，無犯於中國王章者，皆從而守之。」[3] 此事在 1880 年 6 月 21 日，於英國上議院（House of Lords）引發就中國蓄婢習俗問題的辯論，最後維持蓄婢風俗的意見還是佔了上風。

不過，風俗、信仰和宗教，三者雖互有關連，卻畢竟分屬不同層次。宗教包含信仰，但信仰未必就是宗教，信仰可以作為風俗之來源，但風俗並不一定需要信仰作為基礎。尊重風俗不等於不可以移風易俗。如蓄婢陋俗就最終為 1923 年由港府頒佈的《家庭女役條例》（又稱《取締蓄婢新例》）所禁，男子納妾之俗亦於 1971 年《婚姻改革法令》實施後被禁。信仰介乎宗教與信仰之間，可以小心進行治理，如港府 1869 年果斷封閉廣福義祠，1908 年將文武廟交由東華醫院管理，1928 年通過《華人廟宇條例》規管香港廟宇等。宗教則不然，因事關民族、社會或團體的根本價值觀，施禁容易引起強力反彈，為政者對相關管治往往十分克制，基本從保護出發，以免引起社會的不安。不過，出於西方法律文明的局限，港府對於華人社會存在宗教的事實完全視而不見，即使直到今天，香港現有與宗教相關的法例大致仍

是圍繞基督教、天主教和伊斯蘭教等一神教團體，至於華人宗教團體，則只能以公司或慈善團體名義登記並接受相關法例規管。

以西方法學思想來說，宗教是立法的重要基礎。承襲古希臘的文化傳統，早期的西方法律雖然強調理性和邏輯，但畢竟具有自身的民族局限。歷史發展至羅馬時期，特別當其建立起擴跨歐亞兩大洲的羅馬帝國，就必須有一套超越民族局限的法律。羅馬人思想開放，不僅承襲了古希臘傳統，對於流行中東地區的基督教，最終也能接受。在羅馬人手裏，基督教成為立法的基石，不論民族，不管地區，在上帝面前人人平等，法律於是成為西塞羅（Marcus Tullius Cicero）所講的：「真正的法律是和自然一致的正當理性，它是普遍適用的、不變的和永恆的，它命令人盡本分，禁止人們為非作歹。」[4]

到了中世紀，在托馬斯·阿奎那（Thomas Aquinas）的銳意發展下，他的系統神學法律思想，成為法學主流。他認為法律分為四種：永恆法：上帝的計劃；自然法：人類據理性所猜度到的上帝計劃的部分；神法：上帝通過聖經向人類啟示的法律，用以補充自然法；人法：人訂的法律。顯然，這四種法律其實就是一個由抽象到具體的過程。同時四者具有層級性，總的原則是：法律必須服從聖經、理性和永恆的法則。中世紀的影響至今仍在，在法庭中穿着中世紀服裝、頭戴假髮的法官、律師，手按聖經發誓的儀式等，都清晰可見。

不過，「上帝面前人人平等」只是針對有基督信仰的人而言，而在救恩之外的異教徒，充其量只在人法前

平等。英國法律雖然獨立於羅馬法之外，有着不同的特點，但以上帝作為法律先決條件卻是一致的。香港法律源於英國，自然亦是這樣一套思想。即使時光流逝，宗教歧視越來受到批判，香港法律仍缺乏全面的認定宗教能力，最多只能以普通法精神將其他一神教的異教列為宗教，如香港在 1954 年有《香港賀善尼會規則》，1957年有《香港賀善尼會法團條例》，給予伊斯蘭教賀善尼會與基督教及天主教其他法團同等法律地位。

從法理學而言，英國是個實行普通法法系的國家。所謂普通法，亦稱判例法，是着重判例的法律體系。其基本特色是由法官在具體案例中歸納發現法律，跟歐洲大陸的民法法系着重由專門人員從法典中演繹出法律以符合現實需要的方式恰好相對。由於着重具體，所以普通法系的法例多是單列，而且針對特定對象。如香港法律中關於各基督教法團的條例，包括《基督教香港崇真會法團條例》、《基督教青年會條例》、《香港九龍塘基督教中華宣道會法團條例》、《羅馬天主教會香港教區主教法團條例》、《澳門天主教教會法團條例》、《香港天主教方濟會法團條例》、《香港明愛法團條例》等，而有關法例則着重給予受保障團體在資產運用方面的自由。

從普通法而言，若承認某一種信仰為宗教，理應援引有關案例，給予每個有關的信仰團體以單獨立法，而且針對性地給予有關團體以資產運用的自由。而實際情況是，香港雖云有六大宗教，包括佛教、道教、孔教、基督教、天主教、伊斯蘭教等，但從未就佛、道、孔等華人宗教團體立法，而所謂與華人宗教和信

仰有關的《文武廟條例》和《華人廟宇條例》，其立法目的，前者是轉移文武廟原來擁有的廟產為港府所有，並授予東華醫院管理；後者更是為制裁及防止侵奪華人廟宇的管理權，宣佈凡稱名為廟（Miu）、寺（Tsz-Buddhist monasteries）、觀及道院（Kun, To Yuen-Taoist monasteries）、庵（Om-nunneries）及其相關宗教所供奉神明的地方，有關收入、投資及財產等，統由華人廟宇委員會全權控制，對華人宗教場所進行全面接管。由此顯見華人傳統信仰和宗教，在香港法律上不享有宗教地位，否則有關的法例即可能違反普通法法系的基本原則。

《文武廟條例》和《華人廟宇條例》的實施，對本地傳統信仰和宗教世俗化的推動，效果十分明顯。首先，有關法例將香港大部分華人廟宇主要集中在兩個科層化的機構——華人廟宇委員會和東華醫院（後來的東華三院）——的管理之下，其管理的精確性和科學性自然大有提高。其次，有關機構依據法例從廟宇管理權中分拆出司祝權，然後通過投標方式，將部分廟宇司祝權按年售出。司祝，原來是指祭祀中致禱辭的人或廟宇中管香火者，一般都會有相關宗教背景，如屬所奉廟神的信徒等。兩機構售出的司祝，則負責日常營運廟宇，以出售香燭等拜神物品、從事簡單法事、解籤等圖利，而且無需具有相關宗教背景，也就是說，這裏的司祝完全是世俗化的職業，而非任何意義上的神職。再說，作為廟宇及廟產管理者的華人廟宇委員會和東華三院，雖然從中獲益良多，但法例對相關利益的運用則有明確規定，包括進行傳統儀式，維修廟宇及廟產，之後的盈餘則歸入

不正當廟宇已奉令停閉

政府決議實行取締不正當廟宇後，業經定值週、專辦理
勸募、各值週人員，係由華民政務司那魯君為主席，定
例局華人代表周壽臣、羅旭和、潔淨局華人代表曹善允
、寶廣田、團防局代表李右泉、東華醫院代表鄧肇堅
、廣華醫院代表黃少卿、保良局代表馬叙朝、九人担任、
將家所有取締不正當廟宇，及開投奉廟宇事宜，均由
希值週會商進行，現聞不正當廟宇有二三十家、經由政
廟下令限制停閉，不日起等不正當廟宇之神棍、將可由此消
滅、現查有實費設公廟、已定于本月初六日公奉開投
云。

1928年12月15日，香港《工商日報》報
導實行《華人廟宇條例》幾個月間，已有
二三十家「不正當」廟宇被下令限期關閉。

仙蹤佛跡：香港民間信仰百年

華人慈善基金，除作為華人廟宇委員會職員薪資和廟宇委員執行法例時必須之開銷外，餘下的用以捐助香港其他慈善事業。所謂傳統儀式，則非取決於廟宇之傳統或宗教理由，而全權由華人廟宇委員會自行決定。世俗權力對信仰的凌越，在此表露無遺。

雖然法律上不被視為宗教團體，卻畢竟還是有例可循。在重視法制和宗教自由的大環境下，不少傳統宗教人士仍視香港為樂土。特別是近代以還，西風東漸，而內地社會風雷激蕩，傳統信仰和宗教更一度被視為國家落後之由，於是以廟產興學，反對迷信，打倒神權，加上列強欺凌、軍閥戰爭、日本侵華、國共內戰等等，不少廟宇、道場、教派、宗教人士，紛將道脈伸延至港，託庇於特殊的政治環境造就的相對寧靜，或以香港為口岸，向海外地區發展。基於香港相關的法例規定，有關的傳統宗教及信仰團體，各自都作出了許多適應性的改變，從而加速了自身的世俗化。其中最主要的方法是公司化。所謂公司化，是指宗教團體根據港府制定的相關公司登記條例，以成立有限公司或無限公司，從法律上保證自身資產的擁有和運用權利。雖然公司化很大程度上等於宗教團體主動放棄其宗教上應有的權利，但卻有利於生存和發展，所以為多數傳統宗教團體所樂用。然而，成立公司在法律上有其明確的組織規定，如必須成立董事局進行大政方針的決策，設有具體的行政體制，由專人負責，而且有責任每年向有關方面提交報表，解釋經營情況等。許多宗教傳統，如以乩治壇等，在公司化之後，無可避免日漸淡化，終至消失。

結語

　　隨着香港社會發展和華資進佔主體地位，華人精英加入港府，參與對華人社會的管治，西方的現代管理架構，逐步普及至各個層面。華人團體無論是因血緣、地緣、業緣，抑或信仰結成者，無不受到洗禮，成為科層化團體。神靈自生活退出，因神之名的陳規陋習亦逐漸掃清，為社會進一步理性化提供了條件。走出生活的神靈，在時代的風雨中，不免遭受冷遇和誤解。香港法律對西方宗教的側重，更為本地部分人士對傳統宗教及信仰的撻伐大開綠燈，不但使到法律的偏頗不為人覺察，也進一步推動了傳統宗教及信仰團體走上世俗化的不歸之路。

　　二次世界大戰後，隨着人口的增加和內地宗教人材大量移港，香港華人傳統信仰和宗教得到較大發展。當社會經濟起飛，華人傳統信仰在世俗化的道路上更邁開大步，各類慈善事業蓬勃開展。組織結構的高度公司化，更使到信仰團體與一般社會團體難以分別。然而，即便如此，在香港卻一直不曾缺乏種種神靈應世傳說、祈福改運、扶乩問事、占卜星相、風水命理，乃至驅邪捉鬼，仍受到各階層人士之深信，更有不少人因此與傳統信仰結下不解之緣。在今天經濟高速發展，社會劇變的同時，這些傳統信仰行為，再被奉為古國文明之精華，越來越受到各方重視，呈現出一種非世俗化的趨勢。

註釋

1 〈英夷在香港出示〉，見中國史學會主編：《中國近代史資料叢刊‧鴉片戰爭》第四冊（上海：神州國光社，1954），頁 241。

2 高添強：〈廟宇建立與發展〉，見冼玉儀、劉潤和主編：《益善行道 —— 東華三院 135 周年紀念專題文集》（香港：三聯書店〔香港〕有限公司，2006），頁 275。

3 《香港保良局百年史略》（香港：保良局，1978）。

4 西塞羅：《國家篇》Ⅲ，22，轉引自沈宗靈《法理學》（台北：五南圖書，2007）。

05

從《文武廟條例》
到《華人廟宇條例》

香港保留的傳統信仰是豐富而精彩的，基本上由以儒、佛、道三教為代表的正統宗教和以廟神崇拜為特色的民間信仰所組成。這是由於香港長期以來是個移民社會，從內地移港的民眾分別帶來了他們熟悉的神祇，和其他必要的社會組織工具，從而豐富了香港的傳統神祇世界。但另一方面，也不能不肯定香港政府對中國傳統宗教的基本的尊重態度，這與內地自近代以來出現的、以反傳統思想為基礎的、為期甚長的對傳統宗教的批判、干預和打壓，恰成對照。以致到二十世紀末，內地實行改革開放政策後，香港所保存的這些傳統信仰成了被求諸野的「大禮」，被廣泛引進內地，構成其「文化搭台，經濟唱戲」的宗教文化景觀之一。

《文武廟條例》實施前的文武廟

港英政府對於中國傳統宗教的尊重態度，可追溯至香港開埠初期。1841 年 2 月 1 日，英軍佔領港島六天後，英國駐華全權公使兼商務總監義律、海軍司令伯麥聯合發表了一份接管香港島的告示：「凡爾香港居民，歸順英國為女王之臣民，自應恭順守法，勉為良民。而爾等居民亦得以英女皇名義享受英國官吏之保護，一切禮教儀式、風俗習慣及私有合法財產權益，概准仍舊自由享用，官吏執政治民，概依中國法律風俗習慣辦理，但廢除各種拷刑，並准各鄉耆老秉承（英國）官吏意旨管轄鄉民……。」[1] 這個告示，確立了即將成立的港英政府對華人管治政策的基本方針。其中，華人社會中的

「一切禮教儀式、風俗習慣」保持不變，為港英政府的管治提供了一個穩定的基礎，故而成為日後貫徹始終的基本管治原則。

英國是個基督教國家，也是世界上第一個進入工業化的國家。英國國會在 1571 年以法案形式向安立甘宗頒佈《三十九條信綱》，促使國王成為教會的最高首腦，神權喪失原有的輝煌。1688 年「光榮革命」，確立君主立憲，王權逐漸退出管治領域。十九世紀初開始，英國國內工業資產階級駸駸而上，開始佔據政治舞台，進一步開闢國外市場成為國家發展的頭等大事。貿易自由政策，帶動自由主義精神滲透社會各個層面，信仰權利、宗教自由逐步受到尊重，1820 年深受清教徒影響的英格蘭教會，終於合法地傳出了讚美詩。

自由主義的精神，隨着英國海上霸權的擴大，進入古老的東方。英國官員對殖民地的統治，因為將現代性與基督信仰結合而產生一種文明優越感，但他們同時具有相當的理性，凡事從實際出發，追求功利，所以即使他們心裏對殖民地原有的傳統充滿卑視，但基於實際的需要，不會隨便實施干預措施。自由主義由此變成了對落後現象放任和進行種族壓迫的辯詞。例如對印度的管治，即使英國官員對當地的偶像崇拜、種姓制度、童婚、廟妓等都曾有所批判，卻遲遲沒有禁止或設法改變。廣袤繁富的印度，是大英帝國原材料產地和商品傾銷市場，只要當地的傳統對此不構成障礙，對殖民者而言根本沒有改變的必要。對香港的管治，港英政府同樣採取這種態度。

香港身居交通要津，是英國進入中國市場的跳板與中國對外的通商口岸，而且英國法律相對公平，吸引內地不少人士來港，開埠以後很快便繁榮起來。1851 年，香港華人人口已從 1841 年的五千四百五十人發展至將近一萬七千八百三十五人，維多利亞城已有華人店舖三百八十八間。由於當時的居民大多來自內地不同地方，產生管理公共事務的需要，於是在港發家的富商盧景和譚才於 1847 年倡建上環文武廟。文武廟的用地是向港府申請的，名義上用以興辦學校，及後港府發現興建的原來是一間廟，也沒有反對，只是於次年開始徵收地稅而已。

集廟議事，是中國民間社會的傳統之一，利用廟堂這種具有神聖性的場所，議決社區一些公共事務的現象，在清末的城市鄉間比比皆是。聚居香港的華人，應用這一種形式也順理成章。不過，港英政府治港初期，在華人社區實行保甲制，而且在 1853 年又更新保甲制法制，責地保以「促成和解」之任，客觀上使這種傳統形式具有新的內容。劉潤和在〈建置東華 —— 香港第一所中醫院〉一文中稱：

> 這種傳統寺廟的功能，一向都只賦予負責的士紳以調解權，但最後裁決必須來自官府的判定。文武廟的裁決權，香港法律從不承認，只不過默許而已。不過 1850 年代是文武廟民間裁決權力的頂峰期，這時政府卻立法把裁決權授予地保，等於變相承認了文武廟式的民間審裁權力，所謂不尋常就由此顯露了出來。

1880 年 8 月 27 日，報章報導有市民因無執照夜行被拘，法官接納其因參與文武廟盂蘭勝會而遲歸之解釋。巡警亦稱文武廟醮務已獲港督特許可進行至深夜兩點。由此可想見文武廟在華人社會中曾有的顯赫地位。

○幸邀免究　陳根遠以夜行無執照被拘到官巡理府法君提訊陳根遠供謂文武廟建盂蘭勝會因往觀而歸患巡差連西因稟解此處醮務之事曾向督憲求准人情紿有特准之照許醮務至夜兩點鐘始散塲也官遂釋之以省訟累

　　文武廟集廟議事功能被默認乃至強化，對在港華商起着鼓舞作用。高添強在其〈廟宇建立與發展〉一文中謂：

　　1851 年，各鄉籍、各方言族群的商店主人，共同出資擴建文武廟 …… 當時的《華友西報》（*The Friend of China*）這樣形容華人的雀躍程度：「在這殖民地裏，我們從未見過華人為了一座寬敞的異教廟宇在荷李活道開幕而如此欣喜 …… 該廟花了近 1,000 鎊興建 …… 裏面供奉着文帝和武帝」…… 1857 年，太平山、西營盤、上環與中環四區的坊眾，更組成盂蘭盛會並以文

武廟旁的公所作會址，籌辦祭祀和慶祝活動；文武廟儼然成為
支配在港華人的團體，除充當華人商業糾紛的仲裁者外，還負
責接待路過香港的清政府官員，同時亦作香港華人與廣東官府
之間的中介人。

　　嗣後，一些新發展區域，亦陸續出現了新建廟宇，
如灣仔的洪聖廟、北帝廟等，恐怕亦與此不無關係。

　　一個代表華人利益的團體或機構，對港英政府實施
有效管治，並不是壞事，相信這是港府對文武廟集廟議
事予以默認的主要原因。不過，對於由傳統風俗習慣產
生的有限度自治，英國從未在法律上加以肯定和保護，
說明它只是出於一種權宜之計。果然，在第二次鴉片戰
爭爆發後，港府對華人的管治進一步加強。1861 年英國
接管九龍，同年港府正式宣佈取消保甲制，對於華人的
管治，今後將依據港府頒佈的法律和法令，由華民政務
司兼撫華道直接管轄，原來實施的中國法律將不再發揮
作用。文武廟議事功能雖仍在，但裁決權至此全部喪失。

《文武廟條例》打造的文武廟

　　廣福義祠是 1851 年由太平山區的坊眾向港府正式申
請，並由港府撥地興建的廟宇。本來的作用是為客死於
港的華人安奉牌位。不過，此地很快成為重病者、候死
者和已死者的停厝之所，而且衛生條件非常不堪。1866
年，有關情況已由當時一個衛生幫辦上報，但可能是基
於尊重所謂風俗習慣而導致的冷漠，並沒有引起當局的

關注。直到 1869 年，經署理華民政務司李思達（Alfred Lister）、中央書院校長史超域（Frederick Stewart）視察後詳報，並由西報報導後，才引起全城轟動。港督麥當奴以廣福義祠違反寺廟功能，收回有關管理權。此事成為 1870 年成立東華醫院的開端。而東華醫院亦慢慢代替了文武廟，及後發展成東華三院，更在一段長時期內成為代表華人利益的團體。1872 年，港府委託東華醫院管理廣福義祠。到了 1908 年，又以文武廟原先登記值理大多亡故或未能聯絡為由，頒佈第一份與傳統宗教管理有關的法例《文武廟條例》，將文武廟及其所屬廟產撥交東華醫院管理。

東華醫院代替文武廟，並非一個華人團體與另一個華人團體的簡單互換。依靠保甲制的實施和集廟議事傳統，而成為帶有一定程度自治性質的華人權力機構的文武廟，與根據 1870 年第三號中醫院法例，在港督、華民政務司、總醫官監察之下而成立的，主要為貧苦大眾提供醫療服務的東華醫院，兩者性質、角色和作用都是不相同的。如果說前者相等於清代的一間宗祠或一個衙門，後者則是一所善堂。而善堂的獨特性，誠如梁其姿在《施善與教化》一書中所說：

明清善堂最獨特之處，在於民間非宗教力量成為主要的、持久的、有組織的推動力，地方上的紳衿、商人、一般富戶、儒生、甚或一般老百姓，成為善堂主要資助者及管理者，而清代政府亦正式承認這個事實，並鼓勵這個發展。換言之，清代善堂說明了中央與地方社會力量有了新的關係……而所謂新關

係有以下特色：(1) 主動的、持久的力量來自地方鄉紳，而且主要是一般的紳衿及商人，並非名士或巨富；(2) 但官方的背書及監督不可或缺，這在十八世紀尤其明顯；(3) 兩者關係基本上和諧而互賴。這種官民關係說明了兩點：其一，這個領域的存在並不說明中央政府與社會勢力孰強孰弱，兩者的關係亦非零和關係；其二，在意識形態方面，這個範圍或領域是保守的。保守的意思在於維護既有體制、社會秩序，及支持這個體制的一切價值。

雖然梁氏討論的是中國內地的善堂，但從性質而論，早期的東華醫院其實也離不開這個樊籬。當時的港英政府對東華醫院作為善堂的性質和作用，也是逐步認識過來的，所以在東華醫院初創時，法例保留了港督對東華的否決權。當東華的影響擴大，經費益厚，服務增加時，又擔心東華會接受清政府指示，與港府分庭抗禮。到了 1894 年，香港出現疫病，大批華人死亡，歐籍人士指責東華辦理不善，要求解散東華的呼聲甚烈，但港府最終選擇以東華在 1897 年開辦西醫服務作結，這固然有港府從經濟投資方面考慮的因素，但亦從一個側面反映港府對於東華所具有的社會作用的體認。隨着港府與東華之間的互信加強，合作亦越趨無間，逐漸形成了港府以撫華道兼華人政務司為主，通過東華等華人代表機構，對居港華人進行治理的策略。

由於東華的慈善性質，使其順理成章地享有了崇高的道德地位，成為居港華人的代表團體。喪失裁決權的文武廟，在華人實際生活中所起的作用越來越少，實權

亦逐步為東華接管。1906 年，港府要求文武廟註冊。此
事《東華三院百年史略》記載如下：

> 東華醫院創院後，亦為文武廟值理之一。1906 年主席何啟
> 棠任內於 3 月 29 日召開會議，商討文武廟註冊事。蓋當時有關
> 當局，以文武廟為坊眾組織，且經濟狀況良好，雖然每年由坊
> 眾推舉值理，主持廟中事務，但仍未盡善，況其產業之業權所
> 有人，年代久遠，恐發生法律問題，故指示文武廟辦理手續。
> 多年以來，該廟已由東華醫院當年總理主持，無形中已成為東
> 華屬下機構，乃提示辦法兩項：一、成立值理會，不附屬東華
> 醫院，自行管理。二、交由東華醫院接收，由當年總理處理文
> 武廟事務。會議結果：接受政府指示之第二項辦法，由東華醫
> 院接收文武廟事務及其所有之學校、嘗產等……乃將會議結果
> 呈報當局，並請立法機構制定法規，公佈辦理。

從這段記載看來，當時港府之所以要求文武廟註
冊，是因為由坊眾推舉的值理，管理「未盡善」，但其後
稱「多年以來，該廟已由東華醫院當年總理主持，無形
中已成為東華屬下機構」，最後給出兩項辦法，或是自
行管理，或是由東華醫院接收。顯然說明其時文武廟管
理機構實發生了內部矛盾，需要港府介入解決，而且港
府傾向由東華接收的立場亦相當明確。為免日後再出現
爭議，當會議有決定後，東華即呈請港府立法保障之。
有關條例在此次會議兩年多以後的 1908 年 6 月 5 日，才
正式公佈實施，這就是《文武廟條例》。

《文武廟條例》作為香港與傳統宗教管理有關的第一
份法例，其着眼點基本在於廟產的處理。首先，整份條

1908 年 4 月 27 日，報章刊出文武廟值理有意將該廟交由東華醫院管理，以發展華人子弟教育。

例着重於關於文武廟資產的轉移、管理和使用，條例開宗明義，點明條例產生的背景：

> 案查附表所列若干產業，原為某某人等為受託人，代表香港華僑團體或文武廟管業。現各該人等大多數業已身故或則所在不明，並查上項產業及該廟事務，多年來業已由東華醫院總理代為管理，爰將上項產業及廟產一切事務，授予東華醫院管理，並須遵照下列條件及法例之規定辦理。
>
> ——〈東華三院則例（下篇）·文武廟條例〉

然後下開條例十三則，第二條規定所有屬文武廟或歸文武廟管轄的產業、土地、屋宇、物業及一切財產與現金，全數移交東華醫院管理；第八條則規定：

> 文武廟嘗款，規定僅供下列用途——

（甲）供奉文武廟及支銷一切慣常禮典之用。

（乙）維持嘗產及修葺，改建，增建，拆卸，重建，或為實施本例規定建造及新建屋宇之用。

（丙）每年陰曆十二月由東華醫院總理先期刊登廣告，召集僑港華人特別會議，通過在嘗產收入盈餘項下，提撥最低限度每年二千五百元捐助東華醫院，其實數由該院總理議定之。

（丁）在香港舉辦漢文免費學校，以教育華僑子弟。

（戊）補助香港華僑慈善事業。

——〈東華三院則例（下篇）·文武廟條例〉

其次，《文武廟條例》還把政府設定為一個廟產的實質擁有者、授權者和監察者等角色。第九條規定，東華訂立之有關處理條例規定事務之章程及大致情況，必須送輔政司備案，港督更可隨時下令撤銷。第十條規定，港督可隨時查核文武廟嘗款帳冊；有關資產負債對照表及上年收支清冊，須申報華民政務司。第十一條規定，港督如認定東華醫院有怠忽，失職，或奉行不力，或募款不足，或不能供養該廟等等，均可廢除本例。第十二條規定，本例若廢除，所有文武廟嘗款限下之物業悉數交予政府。這一系列規定，說明港府是廟產的最終擁有者，但港府可將有關管理權交付特定團體，而自己則扮演監察者。

《文武廟條例》的制訂，目的是要妥善轉移文武廟的廟產，故其內容主要圍繞廟產展開，本來就是合情合理的事。不過，作為香港傳統宗教管理的奠基式文獻，客觀上它又確定了香港政府對傳統宗教管理的一個基本方

向，就是其管理重點在宗教的實體性資產，而不在其抽象的意識形態。這個基本方向在二十年後制訂的《華人廟宇條例》有更完整的體現。

《文武廟條例》完全結束了文武廟作為議事機構的歷史，卻開創出一個港式的傳統廟宇管理體系。在此之後，東華陸續接管的廟宇有七間，連同手上的文武廟和廣福義祠，共管有九間廟宇。廟宇管理由此成為東華三院除醫療和喪葬外，與居港華人日常生活最直接相關的工作。廟宇所具有的宗教榮光從此不再為任何個人或團體增加俗世的威權，但神祇對眾生的慈愛，卻通過慈善機構對廟嘗的合理運用，遍灑人間。《東華三院百年史略》對此有高度評價：

> 以一間辦理贈醫施藥之慈善機構而管理廟宇，實為香港慈善團體之特色，此種寓神道於勸善，而且更利用其收入以為辦理社會福利工作，乃歷任總理之良模碩頤，喜見今日發揚光大，為三院百年史添上輝煌一頁。

《文武廟條例》訂明東華三院接收文武廟廟產後，須開辦學校等，這與 1898 年中國內地張之洞、康有為等人提出的「廟產興學」，似有其繼承之處。不過，查文武廟開辦的第一所學校其實始於 1880 年，以坊眾捐出的公產荷李活道中華書院為校址，稱為「文武廟義學」，顯見其淵源自中國長久以來的民間興辦義學傳統。此校當時即由文武廟交東華醫院管理。在東華全部接收文武廟後的十一年間，用文武廟嘗開辦的學校已達十六所，而且在二十世紀初已把原來的塾館形式改成新式學堂的

分級制及分科教育。其情況比內地在進行廟產興學的過程中，造成對傳統宗教的嚴重打擊及地方豪強對廟產的侵吞等，確實有天淵之別。英國視香港為進入中國內地市場之跳板，二戰之前，在香港社會福利方面投放資源極少，基本依靠華人慈善事業和志願團體維持。在《文武廟條例》實施至 1928 年制訂《華人廟宇條例》之前，港府沒有再就傳統宗教管理進行立法。而在《華人廟宇條例》制訂前後，港府都有將接收到的廟宇交由東華管理，以其廟嘗推展東華慈善事業，形成今日香港廟宇管理的其中一個系統，這與文武廟的成功接收和管理，並對華人慈善事業有一定助益，應該有其因果關係。

位於文武廟旁的文武廟義學，後曾成為孔聖會會址。

東華三院管理的香港廟宇表

廟名	原主理單位	初建年分	移交東華管理年分
上環文武廟 上環列聖宮	盧景、譚才等初建值理會	1847 年	1908 年
慈雲山觀音堂	由經商驛旅始建	1853 年	1975 年
太平山街廣福義祠	1869 年港府解散及整頓義祠組織，1895 年在現址重建。 太平山街區坊眾	1851 年	1872 年
灣仔洪聖宮	灣仔坊眾始建	約 1847-1852 年	1971 年前東華接管應在二戰前，惟有關文件佚失，無法確知。1971 年華廟會正式將此廟交東華管理。
油麻地天后廟 油麻地觀音廟 油麻地福德祠 油麻地社壇 油麻地城隍廟 油麻地書院	水上居民始建	1876 年遷建	1914 年確定由東華管理，惟直至 1928 年華廟會成立並干預後才正式落實。
旺角水月宮	芒角村村民	1884 年	1926 年因城市發展遷建，重建後港府交廣華管理。
大角咀洪聖廟	當區艇戶	1881 年前	1928 年因城市發展遷建，由廣華籌款重修。

1928 年的《華人廟宇條例》

隨着香港經濟的發展，港府積極擴展市區以容納不斷增加的人口。市區的拓展，外來者的遷入，使一些地區原來的環境和人口生態產生了巨大的轉變，以致一些原來建基於當地主體居民信仰的廟宇，逐漸香火冷落，維持艱難。上表中，如旺角水月宮，原是芒角村民的宗

教活動中心。1920 年代，港府清拆芒角、火棚、大石鼓、馬頭圍、馬頭涌等村落，原水月宮因處於兩條幹道交匯位置，在 1926 年被拆卸，港府撥今山東街廟址予以重建。建成後交廣華醫院管理，以廟嘗彌補其開支，而前芒角村民再沒有直接參與廟宇的活動。這個事例正反映作為主體居民公共空間的廟宇，在社會發展過程中，隨着主體居民的遷移或不再成為主體，被虛空化的處境。

不過，社會在發展同時亦為港府帶來了管治上的難題。原先的以撫華道兼華人政務司為主，通過東華等華人代表機構，對居港華人進行治理的策略，在社會生活日益複雜，各階層矛盾日趨嚴峻的現實下，顯得千瘡百孔。例如，前述的關於蓄婢制度的爭議，在十九世紀末，尚可以華商的支持和港府的權威，將要求廢除的呼聲強行壓下，但到了 1920 年代，雖然蓄婢仍得到港督和部分華商的支持，但反蓄婢運動卻隨 1922 年 2 月廣東軍政府《嚴禁蓄婢令》的頒佈，受到越來越廣泛的認同，港府亦被迫於 4 月 14 日發佈《禁婢令》，其後在 1923 年 2 月續頒《禁婢新例》，永久結束了這種「傳統風俗」。

至此，東華作為華人代表機構的權威也開始受到挑戰。油麻地天后廟是該區的著名廟宇，香火極盛。1879 年因發展需要，由港府撥地遷建至現址。1914 年 11 月，港府因見三年前落成運作的廣華醫院經費緊絀，乃援文武廟之例，召集東華、廣華及天后廟值理開會，討論廣華接管天后廟及其嘗產事宜。會上雖有天后廟值理反對，但最終還是達成了同意接收的結論。「嗣後，天后廟值理拒絕移交廟宇的管理權，每年更推舉值理辦理廟

宇事務。至 1928 年，剛於該年 4 月才立案的華人廟宇委員會進行干涉，天后廟值理始把該廟連同歷年存款五萬八千多元轉交廣華醫院，持續 10 多年的管理權爭拗才告一段落」。[2]

《華人廟宇條例》和根據此條例成立的華人廟宇委員會，當然並非只是因為油麻地天后廟這小小的管理權爭拗而促成。從 1914 年至 1928 年，在中國現代歷史上是一段頗為動蕩的歲月。1927 年 4 月，蔣介石建立國民政府，定都南京，局面才稍為穩定。而偏安海隅的香港，成為逃離戰亂以及資本家投資的世外桃源，經濟急速增長。這連續十多年的經濟發展，與香港及九龍市區的開闢亦基本上是同步的。發展自然會涉及對原有產權的贖買，但廟宇的產權，卻頗為複雜，它可能是公產，或屬於國家，亦有屬於地方、村落或宗族者，不過亦可能屬於私產，由某姓某房世代相承。而更嚴重的是，在社區發展造成廟宇的虛空化以後，出現對原屬公有的廟產的刻意私吞，造成有理說不清的混亂。而當時香港惟一與傳統宗教有關的法例只有《文武廟條例》，此條例只適用於文武廟，在此範圍外不可能作任何延伸。在這種情況下，制定華人廟宇的條例，確立有關廟產的處理原則，成為保證香港社會發展所必須做的事務之一。這就是《華人廟宇條例》開宗明義點出的條例制訂目的：「1928年第 7 號制裁及防止侵奪中國廟宇管理權，暨制訂中國廟宇基金之管理條件，是年 4 月 27 日公佈施行。」

繼承《文武廟條例》所開創的基本方向，《華人廟宇條例》的主要着眼點依然是廟產的擁有權和管理權。第

七條（二）至（七）項規定：

（二）為管理上發生效用起見，在不妨害其權限之下，中國廟宇理事會依法得要求華民政務司以外之人代表保管或受託為中國廟宇管理任何財權者，將各該財產移交華民政務司保管之。

（三）前項指示，須由中國廟宇理事會主席簽押，並送達於要求此項關係財產之人。

（四）受送達人如無合法宥恕理由而不迅速將各該財產移交者，以違反本例規定論。

（五）此項財產如屬於不動產而受託管理人無合法宥恕理由，不遵奉中國廟宇理事會指示，移交華民政務司，或此項指示無法執行送達時，高等法院按據中國廟宇理事會主席提起民事管轄本訴訟，遞呈訴狀後，依法得下令將各該物業授予華民政務司……

（六）此項財產如屬受託人條例規定之股份或訴訟標的物而記名於此項股份或保管持有人或具有訴追各該債項者，如無合法宥恕理由，不遵奉中國廟宇理事指示，移交於華民政務司，或此項指示無法執行送達時，高等法院按據中國廟宇理事會主席提起民事管轄本權訴訟，遞呈訴狀後，依法得下令授予華民政務司以移轉或要求移轉各該股份或收受其股息，利息或訴追各該訴訟標的物之權……

（七）此項關係財產如屬本條（五）與（六）項所稱物業以外者，以管有人無合法宥恕理由，不遵奉中國廟宇理事指示，移交於華民政務司，或無法執行送達時，裁判司依法得令行警察人員查抄此項物產。必要時得強制查抄，並將之移交華

民政務司。

在這樣的規定下，任何個人或團體，如果所擁有的是一間合符條例規定的廟宇，華人廟宇委員會即可據法，「將各該財產移交華民政務司保管之」。

為防範廟宇虛空化後可能出現的產權侵奪，《華人廟宇條例》第十二條明確規定：

（一）中國廟宇理事如有理由相信業已登記之中國廟宇現經或曾經廢棄不用，或廟宇資產與收益不足支持時，依法得酌定方法及指定時刻地點，召集一切關係人舉行會議，提出此項事實向出席人報告，徵求各人意見。

（二）出席人如有意見發表，理事會於考慮此項意見及環境情形後，如認定該廟給養不足，無法維持時，依法得下令結束之。

至於廟產的使用，亦是根據《文武廟條例》有關原則的發揮：

第八條：

（一）中國廟宇所有收益，最先對慣常禮典之舉行及廟宇廟產等給養之開銷，如有盈餘，則撥入第九條所稱普通中國慈善基金項下。

（二）中國廟宇理事得決定某一廟宇的慣常典禮，某款應為某事之用，暨將若干盈餘撥入普通華人慈善基金項下收存。

第九條：

（一）第八條所稱普通華人慈善基金，須經中國廟宇理事指定保管方法，並決定作下列用途——

（甲）必要職員薪給及因執行本例規定賦予中國廟宇理事權力之其他費用。

（乙）捐助本港地方之中國慈善事項。

根據此條例產生了一個條例的執行機構——華人廟宇委員會。從條文看，此委員會應該是港府參考東華與油麻地天后廟值理關於管理權的持久爭議等事，特意設立，利用政府權威，直接解決廟產爭議的機構。條例第七條規定其基本的組成如下：

（一）無論第 310 章華民政務司立案法團條例有若何之規定，所有中國廟宇之收益，資金及財產除遵照第八條規定辦理外，應歸中國廟宇理事會理事全權管理，理事會以下列人員組織之——

（甲）行政與立法委員會當任各華僑代表。

（乙）市政衛生局當任各華僑代表，由總督加委之。

（丙）東華醫院當任首席總理。

（丁）保良局當任先進總理。

（戊）住居九龍或新九龍東華醫院總理舉派每年之總理一人。

（己）由總督委任指定任期之一人。

（庚）華民政務司。

中國廟宇理事會以華民政務司為主席。現委員五人出席，即足法定人數。

華人廟宇委員會成員基本上是華人紳商，華民政務司又是當然主席，顯見這個委員會仍是原先的以撫華道

兼華人政務司為主，通過華人代表或華人代表機構，對居港華人進行治理的策略之延續。條例屬於對原策略的支援或修補。

不過，雖然立法的精神，乃至形式和內容有一定的繼承之處，但《華人廟宇條例》並非是《文武廟條例》的簡單延伸與擴大。作為香港較為完整的管理傳統宗教的法例，它又有着自己新的內容。這開宗明義表現在「廟宇」的定義上：

第二條：

本例稱「中國廟宇」，包括——

（甲）廟、寺、觀、道院及庵；

（乙）下列地方——

（i）依照教理設立廟、觀、道院或庵寺而為拜神或占卦算命之執業者。

（ii）用拜神、占卦、算命或相類情事向人徵收任何費用，或報酬或送回香燭或他物者。

顯然，這個定義包含相當廣泛，似乎除了宗祠以外，所有傳統祭拜神靈的地方乃至個別神巫的工作場所都被列入。而合乎定義的「廟宇」，日後就必須登記：

第五條：

（一）嗣後所有中國廟宇，如不遵照本條例之規定呈請登記，不得開設之。

（二）此項登記在華民政務司署為之，並報明下開詳細事項——

（甲）廟宇名稱。

（乙）廟宇地址連同所在街道名稱及地段號數。

（丙）奉祀之神。

（丁）管理廟宇之性質，換言之，即由值理或宗族或個人所管理者，暨該值理之名稱或宗族或個人之名字。

（戊）設有司祝者，該司祝姓名住址。

（己）呈請登記時，存有資金及財產存於何處，暨由何人保管各詳細事項。

（庚）廟宇收益，連同所存資金財產之收益用途。

對於廟宇的開設或撤銷，華人廟宇委員會擁有法定的權力。

第四條：

（一）除遵照本條（二）及（三）項規定辦理外，嗣後不得開設中國廟宇，但全座純為廟宇之用，並不作他用者，不在此限。

（二）無論本條（一）項有若何規定。第七條所稱廟宇理事，對於現有或將來開設之中國廟宇，依法得特許免遵本條（一）項之規定。前項特許，如廟宇理事視為適當時，得予撤銷之。

（三）廟宇理事對依本條（二）項規定請求特許者加以拒絕或撤銷特許時，請求人得在前項拒絕或撤銷日起 14 日之內遞稟總督，提請上訴，總督在政務會對於上述稟章與廟宇理事所為答辯書加以研訊後，依法得核準或駁回上訴……

從這幾條條文可以看到，新成立的華人廟宇委員

會，當時又擔負着一個把關者的角色，而且它可以審查的範圍遠遠超越一般傳統定義下的廟宇。從普通一個占卦算命的場所到正統的儒釋道道場，要在香港存在，就必須首先取得華人廟宇委員會的同意。而華人廟宇委員會的審查準則卻沒有列入條例中，其中的目的也許可以理解成是為華人廟宇委員會留下個案處理空間，用以應付不同情況。華人廟宇委員會的這個把關者角色，相信與內地傳統宗教的不同宗門道派、民間信仰的天地神祇等，因局勢動盪紛紛遷港設立分壇有關。當時來港弘法的，既包括一些名僧高道，亦有與權貴甚有淵源的民間教派，當然亦有與會黨、暴力團體沆瀣一氣的秘密信仰等等，如果不加區別全部接受，對香港的穩定將帶來不利；但若明文拒絕，卻容易招致被動。再說，香港提倡宗教自由，因此從意識形態方面明訂甚麼樣的宗教適合留港，與此原則亦有衝突。

《華人廟宇條例》又肯定港府對廟宇有查抄之權：

第十四條：

（一）凡奉華民政務司手令之人，無論為通常或某次事件，對於有理由懷疑任何地方有用作或開設違反本例或規則規定之中國廟宇者，依法得進入搜查，必要時得強制執行之，或對於有理由懷疑任何依法登記之中國廟宇有違反本例或規則規定之所為者，依法得進內搜查，必要時得強制執行之，對於任何書籍、文件，與事物認為屬於或載有違反本例或規則之證據者，依法得抄及檢獲之。

（二）無論何人對於依本條規定奉命搜查者，不得阻撓之。

宗教場所，向來都是極度敏感之地，牽一髮而動全身，許多大規模衝突，究其源起，往往只是出於一次對宗教場所的搜查。不過，宗教場所許多時候又是動亂之源，不少宗教領袖其實也是暴動領袖，借宗教場所的特殊性作安全掩護。作為殖民政府，港英雖云以通過華人團體實現對華人管治為原則性策略，但第十四條的查抄之權仍由華民政務司單獨施行，不管所搜查廟宇是否有合法登記，皆無須通過或知會華人廟宇委員會。由是觀之，這種斷然處置之權，亦有對華人廟宇委員會的行事，特別是把關方面的盡力與否，起到監察作用。

慈善：香港傳統宗教的共有特色

從表面上看，香港對傳統宗教所實行的管理法規，與中國傳統的宗教管理其實沒有多少相似的地方。古代中國提倡神道設教，其根本目的是將其他信仰體系，併合進儒學的解釋系統，以禮教倫常、君臣父子，作為所有宗教共同的道德倫理核心，這種宗教神學發展方向在明清兩代表現尤為明顯。然而，在這種方向導引下，作為國家思想支柱的儒學一旦崩潰，附於其上的整個意識形態體系亦自然破滅。近代以還，中國在遭遇空前的民族危機的同時，出現民族精神前所未有的沉淪，亦可追溯至這方面的原因。國人在謀求民族出路的西方化過程中，不免將中國的末落歸因於傳統信仰，出現了持續打擊傳統宗教的事件。即使進入民國，效法西方強調宗教自由，但無論北洋政府、廣州軍政府，抑或南京國民政

宗教與慈善結合的典範：嗇色園黃大仙祠，1924 年「為善最樂」匾額，存於嗇色園
經堂。（游子安教授提供）

府，在立法管理傳統宗教方面仍有意無意間從意識形態上落墨，希望破除迷信，最終結果卻往往適得其反。

　　香港自開埠始，從來沒有出現過政教合一的局面，殖民地官員從自由主義、理性主義、實用主義出發，對中國傳統具有一定的尊重 —— 即使心裏可能是如何的輕蔑。而居港華人，由於生活在一個淪喪之土、一種民族壓迫的社會環境，傳統文化因此成為他們身份自覺的證明。基於在港華洋尊重傳統宗教的現實和英國對宗教自由的提倡，香港關於立法管理傳統宗教的基本方向是非意識形態的，沒有區分正統宗教與民間信仰，也沒有明確區分正祀和淫祀，其主要着眼點是信仰的物質部分 —— 廟產，簡單而明確規定了廟產的公有和廟嘗收入必須用於慈善。《文武廟條例》和《華人廟宇條例》一脈相承地為傳統宗教接通了通往現代之路，所謂「迷信」、「落後」的民間信仰，其廟嘗用於教育、扶貧、安老等各方面，成為完善社會發展的動力之一。

註釋

1　《香港與中國歷史文獻資料彙編》（香港：廣角鏡出版社，1981），頁 164。

2　高添強：〈廟宇建立與發展〉，見冼玉儀、劉潤和主編：《益善行道 —— 東華三院 135 周年紀念專題文集》（香港：三聯書店〔香港〕有限公司，2006），頁 288。

06

《華人廟宇條例》與香港廟宇管理

「廟，尊先祖貌也」，按《說文》的解釋，本義是供奉祭祀祖先的場所。隨着時代的發展，廟的意義亦不斷改變，專指供奉神祇的地方。傳統中國以農立國，由於「村村皆有廟，無廟不成村」，廟宇與中國民眾日常生活密切相關。雖然佛教多稱自己的宗教場所為「寺」、道教稱自己的宗教場所為「宮」、「觀」，但民間都習慣將之稱為「廟」，如香港民眾慣稱黃大仙祠為黃大仙廟，赤柱觀音寺為觀音廟等；就算是天主教堂，早期亦被稱為廟，如澳門居民稱聖保祿教堂為大三巴廟即是。民間對廟一詞的泛用反映了中國民眾對宗教的認識，其原初的起點就是他們生活中最熟悉的廟。

在中國的近現代化進程中，廟宇也經歷了不少的變遷。其中香港地區因為特殊的歷史原因，廟宇的發展經歷了與中國內地不同的過程。1928 年，以制裁及防止侵吞廟宇管理權為由制訂的《華人廟宇條例》，使香港對廟宇的管理進入一個新的階段，從而導致華人廟宇的存在方式出現了生態性的改變。本章將圍繞《華人廟宇條例》，集中對上世紀三十年代至五十年代時，港島及九龍半島的華人廟宇管理情況進行探討，希望從一個側面對傳統廟宇進入現代的過程作出初步的分析。

傳統的華人廟宇管理

作為中國南方的一個海隅地區，開埠前香港華人民間的信仰情況與內地大體上是一致的，早已有不少的廟宇。當然，這些廟有大有小；有歷史悠長的，也有新創

建未久的；有香火鼎盛，四方八面皆來參拜的，也有信徒寥寥，只供本村供奉的。不過，從性質上看，大部分都可以當作村廟看待。對於村廟，美國學者喬基姆在其著作《中國的宗教精神》一書中有這樣的描述：

在古代中國，各地的寺廟除了在鄉村城鎮遭逢災異之際被用作來尋求神助的道場外，還是鄉鎮居民為其他各種社會目的碰頭會面的場所。一座村社寺廟可被用來做下列事情：可做交換物品的市場（即使不是固定的，至少可以在節日期間如此）；可用作（在神靈監督下）商談政事的廳堂；當所在的城池受到圍攻時，可做調兵遣將的營盤；還可以用作孩子們的遊戲場和老人的養神處。

在中國民眾的傳統中，世俗生活與神聖生活並非斷然分開，反而是如膠似漆地結合在一起的。村廟既作為信仰場所，又作為公共空間的特色，正是這種情況的反映。傳統鄉村非常重視村廟的管理，往往組織起村廟的值理會，由鄉村中的頭面人物承擔村廟的保護維修、重建擴建，有些甚至包括管理四時香火、廟會醮會等等。值理會還要管理村廟財政，捐出或動員捐出田產、土地作為廟嘗，以其收入解決村廟日常開支，發動募捐，作為廟會醮會的使費等。值理會成員一般都是終身制，而值理會為首者有終身制的，亦有輪換制的，亦有通過各種卜問方式，以神意的名義任命的。還有一些廟宇，其值理會並不負責廟會醮會，而是由鄉人另組專門的慶典活動小組，成員與值理會重疊，或者進一步擴大至附近鄉村人士。其為首者一般採輪換制，也有以卜問方式由

神靈任命。在一盤散沙似的小農經濟中，除了宗族以外，村廟是結聚鄉人的基本形式，其比宗族組織更為優勝的地方，在於它跨出了本族本姓的樊籬，能在更大規模起到團結鄉民的作用。

中國古代的地方行政制度下，國家官員的任命只到縣的層級，縣以下基本是由士紳發揮作用。「士紳」這一階層的人都是當地受過教育的讀書人，通過了一兩級通向仕途的科舉考試，這一類人用西方社會的各階層作比較的話，他們近似於西方國家不在政府中任職的大學畢業生。有能力與地方官員溝通是士紳的必要條件，不過並非所有具有溝通能力的人都可以作為鄉村代表，這種地位並非源於血統、出身或朝廷任命，而是由鄉村百姓通過約定俗成的方式自然形成的。要具體實施鄉村管理，除了政府承認、宗族同意、父老鄉親支持等要素外，意識形態的權威也是十分重要的。士紳在鄉村管理的重大舉措，一般都會在家族宗祠或本鄉廟宇議論、宣佈和實施。這一方面是出於組織上的考慮，無論是宗族組織或是村廟組織，都是鄉村固有的組織機構，對家族事務和村廟事務進行日常管理，士紳常常即是這兩個組織的成員或為首者。士紳的鄉村代表地位既屬約定俗成，自然是非正式的，缺乏成立常設組織的理據，因此處理鄉村事務時不得不依賴已有的組織進行。另一方面，是意識形態權威的借用。中國古代講究君權神授、受命於天，認為王朝統治的正統性來源於天。鄉村雖只是一個小天地，但要管理起來，正統性一樣不可或缺。士紳利用宗祠或村廟處理鄉村事務，前者可以從倫理上

大嶼山鹿湖精舍所奉「皇帝萬歲萬萬歲」牌位。該牌位是自明代以來，地方官吏賢達每月朔望召集民眾、宣講聖諭律條時的主要崇奉，顯示了精舍前身的純陽仙院作為地方公共空間的地位。

加強正統性，後者可從信仰上為其增添神聖的光環。

　　鄉村行政的這些特色，成為歷代統治者深以為憂的「隱患」，特別是村廟的地方行政功能，由於其具有跨氏族、跨地區的特色，萬一未及關注其發展，就有可能發生亂子，出現足以與官方抗衡的力量。明清兩代統治者提倡宗族，抑制「淫祠」，清朝更提倡「移孝作忠」，不難看到其對鄉村行政的擔心和所作的應對。不過，由於村廟兼具了鄉村的公共空間功能，亦有其實際的需要，莫講禁而不絕，即使禁絕了，實際的結果是破壞了鄉村的行政組織，造成地方官員實施管治的困難，根本難以持續，故屢屢出現「淫祠」禁而不止，前任官員禁，後任官員興的現象。

　　屢禁不止的，還有私建廟宇。中國古代對宗教有嚴密的管理，僧尼道士，出家尚且須國家統一頒發度牒，嚴禁私度，興建廟宇，更不能無官方核准，如明世宗時就頒令，不許私創宮觀庵院，「犯者罪無赦」。不過即使有嚴刑峻法，私建廟宇仍然大量湧現，其中不少正是出於皇帝本人、宗室、貴戚、宦官、豪富等。在「帝力於我何有」的窮鄉僻野，私建廟宇更是難以禁止。這些私建廟宇，有些可能是鄉村公議設立的，是鄉村行政的延伸，但更多的屬於私人廟宇，是個人因為種種原因而設立的。私人廟宇約分為兩種類型：一是對外開放，即容許信眾入內參拜的，這類廟宇往往駐有鄉村神媒，提供收費的宗教服務，有營業的性質；另一類純屬私人清修的靜室，不對外開放。兩種類型的私人廟宇並非一成不變的，有時因神媒的去世，無以為繼，營業的廟宇迫

《華人廟宇條例》的實施，對華人慈善事業的發展具有立竿見影的效果。據1930年2月19日報章報導，九龍廣華醫院接生房經費由此得到解決。

▲廣華接生房經費已有着落

▲請由廟宇經費每年撥助二千元

廣華醫院接生房，常年因顏經費無着，經前任總主席之主張，顏成坤發起以建築全院後，至去年始告落成，以利便貧民。當日後因顏經費無着，故資臨開幕時即樓下房低限度亦每人每日收銀二毫，債目為一……顏君一份詳為發表意見，謂倘不能以符建設該院之則其宗旨，該收費為常年各總理，昨日已致函及全院免費，則撥贊宇收入，每年可撥款二千元正式答覆，故關助于此項經已得我，多已有着落云。

得由開放轉為清修；清修的廟宇亦會因清修者的思想轉變，又或因修行人去世後，繼承者將之轉為對外開放。在香港舊日的私人廟宇中，屬於對外開放類型的如銅鑼灣天后廟，屬於私人靜室的如大嶼山觀音廟（今大嶼山觀音寺）。鄉村對私人廟宇的管理並沒有專門的機制，但由於對外開放的私人廟宇規模不大，影響範圍一般亦只在本鄉村內，提供的宗教服務亦有限，只是作為鄉內主要村廟的輔助和補充，因此基本上還是在傳統鄉村行政體制的有效管理之下。

宗教的需要、公共生活的需要和鄉村行政的需要等，使村廟的存在植根於廣大農村的沃土之中。相對封閉的生存空間、有限的發展規模和政府的控制，使村廟信仰的影響範圍始終未能跨越地區局限，從而使之烙印上明顯的地方族群標記。如東南沿海地區不少漁民信奉媽祖；惠州地區則既拜譚公，也拜媽祖；客家地區拜定光古佛；福建泉州地區拜清水祖師等等。各地區的廟神信仰是如此穩定，乃至可成為民族學上的一種識別標誌。

《華人廟宇條例》出台前香港華人廟宇管理出現的變化

1841 年香港開埠，英國駐華全權公使兼商務總監義律、海軍司令伯麥聯合發表的告示稱：「凡爾香港居民……亦得以英女皇名義享受英國官吏之保護，一切禮教儀式、風俗習慣及私有合法財產權益，概准仍舊自由享用，官吏執政治民，概依中國法律風俗習慣辦理」，從原則上明確保障了居民本身的財產、生活權益和宗教自由。為落實各項承諾，隨着經濟的建設，港英政府亦陸續制訂相應法例。而香港的蓬勃發展，與港地實行相對公平的法制有着密切關係。

香港島面積並不大，原來的居民也不多，廟宇也只有區區幾座，在英國人到來之前，其管理形式與內地傳統華人廟宇的管理應該大同小異。隨着港英政府銳意發展對華經濟，不絕的商機吸引了外國及內地許多商人來港，香港的經濟很快就活躍起來，人口不斷增加。移入

香港的商人和勞工很快就有了組織起來的需要，1851年在上環創建的文武廟，正是內地移港居民根據傳統模式所進行的組織化之始。文武廟的傳統村廟色彩濃烈，由值理會管理，成員基本是上環一帶商戶中的頭面人物。1857年，太平山、西營盤、上環與中環四區的坊眾，又組成盂蘭盛會並以文武廟旁的公所作會址，籌辦祭祀和慶祝活動，這也是按傳統的辦法。地方行政上，文武廟更一度儼然成為在港華人自治的代表機構，對內就華人內部事務進行裁斷，對外代表華人與港府接觸，這一特色亦可在傳統士紳與地方官關係中找到根源。

然而，香港並非鄉村，港府實行的也不是傳統中國的行政制度，所以當1861年港府宣佈取消保甲制，對於華人的管治，其後將依據港府頒佈的法律和法令，由華民政務司兼撫華道直接管轄，原來實施的中國法律及習俗將不再發揮作用，文武廟這種典型的村廟形式就沒有辦法再維持下去了。不過，由於當時英華分而治之的基本策略和對華人文化存在的隔閡，在全港華洋皆統一由港府根據英國法律改訂的香港法律管轄的前提下，在策略層面，華民政務司仍然採取以華治華的基本對策。1870年成立的華人慈善機構東華醫院，逐步成為港府處理華人事務的主要合作對象。不過這種合作已不再是傳統意義上的合作，東華作為慈善機構，有崇高的道德地位，加強其在港府實施管治時，在華洋之間進行協調、商議的代表性和權威性。然而，實質上東華基本上是傳話者，並無如文武廟曾有過的處理和裁決華人事務的權力。換句話說，東華本質上屬於體制外的、完全民間性

質的角色。

1872年，港府將廣福義祠交與東華管理。1908年，又通過制訂《文武廟條例》將文武廟交由東華管理。由此，東華的慈善服務中又加入了宗教服務一類。

根據《文武廟條例》的具體規定和東華本身角色的局限，傳統管理鄉廟的方法已經不合時宜。《文武廟條例》將港府打造為文武廟廟產的實質擁有者。港府根據《文武廟條例》的規定，將管理權授與東華，而東華亦必須在《文武廟條例》的框架上行使管理權。《文武廟條例》着眼於東華在經營文武廟廟嘗時所產生收入的使用，目標是使文武廟成為一個既可以自給自足，又可以為東華增加收入，乃至協助開展其他慈善事業的財政來源。據此東華確立管理文武廟的勸善行善 —— 既提供收費信仰服務又將收入用於慈善用途的基本原則，而且進行了活化，發揮本身作為慈善機構的特長，將重點集中到行善方面。至於勸善，即日常營運廟宇的廟祝工作，則根據此前行之有效的商業手段，以年度公開招標形式，價高者得，轉由中標者負責。由此架構了一種擁有權與管理權及具體營運權，三者相互分割，與傳統廟宇管理迥異的全新管理方式。東華的這種廟宇管理方式，既保證了營運廟宇所需的收入，又使廟宇的日常營運工作由熟悉傳統廟宇運作的專業人員負責，達致兩利。港府對東華在華人廟宇管理方面的工作應該是滿意的，故才有後來在1914年11月，召集東華、廣華及油麻地天后廟值理開會，討論由廣華接管天后廟及其嘗產一事。

《華人廟宇條例》的出台及華人廟宇委員會的工作開展

　　討論由廣華接管油麻地天后廟，與當年推動東華接收文武廟，雖只相隔六年，但情況已全然不同。東華和廣華與天后廟並無傳統上的關係，該廟值理雖迫於政府壓力，表面同意接收，但實際上仍拒絕交出管理權，每年仍照常推舉值理辦理廟宇事務。事件一直拉鋸十多年，直到 1928 年，華人廟宇委員會成立，公權力介入干涉才告結束。然而，正如筆者曾說過：

　　《華人廟宇條例》和根據此條例成立的華人廟宇委員會，當然並非只是因為油麻地天后廟這小小的管理權爭拗。從 1914 年至 1928 年，在中國現代歷史上是一段頗為動盪的歲月。1911 年的辛亥革命，結束了中國傳續幾千年的封建帝制，但變天並沒有帶來安定和發展，連續不斷的政治角力，此起彼伏的政變和叛亂，軍閥混戰，然後南北分裂，國共合作，北伐軍興。1927 年 4 月，蔣介石建立國民政府，定都南京，局面才稍得喘定。而偏安海隅的香港，「近十餘年來，中國內地幾於無時不亂，無地不亂。中上流社會，固以香港為世外桃源；而資本家之投資，又爭以香港為宣洩之尾閭。……此亦香港發達之一大原因。」這連續十多年的經濟發展，與香港及九龍市區的開闢亦基本上是同步的。發展自然會涉及對原有產權的贖買，但廟宇的產權，卻頗為複雜，它可能是公產，或屬於國家，亦有屬於地方、村落、宗族者，不過亦可能屬於私產，由某姓某房世代相承。而更嚴重的是，在社區發展造成廟宇的虛空化以後，出現對原屬公有的廟的刻意私吞，造成有理說不清的混亂。

而當時香港惟一的與傳統宗教有關的法例只有《文武廟條例》，此條例只適用於文武廟，在此範圍外不可能作任何延伸。在這種情況下，制定華人廟宇的條例，確立有關廟產的處理原則，成為保證香港社會發展所必須做的事之一。這就是《華人廟宇條例》開宗明義點出的條例制訂的目的：「1928 年第 7 號制裁及防止侵奪中國廟宇管理權，暨制訂中國廟宇基金之管理條件，是年 4 月 27 日公佈施行」。

——危丁明〈香港傳統宗教管理初探〉，見《田野與文獻：華南研究資料中心通訊》，香港科技大學華南研究中心，2007 年第 49 期。

顯然，《華人廟宇條例》是針對香港城市發展過程中華人廟權產權所出現或可能出現的問題而制訂的。然而若再放眼於當時的社會，就可以看到香港《華人廟宇條例》的制訂，其實也是跨越近代世界門檻的中國，對傳統宗教進行重新定位過程的一部分。從清末洋務運動開始，為加速傳統中國擺脫備受欺凌的國際地位，志士仁人們高揚教育的重要性，洋務運動主將張之洞撰〈勸學篇〉，提出「廟產興學」的構思，希望利用遍布全國各個角落的大小廟宇作為學校，以廟嘗收入作為教育經費，以最短的時間並最有效的方法，在大城小鄉建立起訓練適合時代需要的人材的基地。百日維新，廟產興學設想首次實施。維新失敗後，此舉更變本加厲，光緒二十八年（1902）的《欽定學堂章程》和光緒二十九年（1903）的《奏定學堂章程》均有將地方祠廟及財產撥為學堂之用的規定。光緒三十二年（1906）四月，朝廷奏准《奏

提出制訂《華人廟宇條例》的定例
局議員、香港大老周壽臣。

定勸學所章程》，更要求全國各村學堂董事查清本地不在
祀典的廟宇鄉社，將之租作校舍。於是中央與地方沆瀣
一氣，上下其手，公然搶奪廟產。民國成立後，這種風
潮仍未減退，北洋袁世凱政府於1912年推出《關於保護
佛教僧眾及寺廟財產的令文》，要求將全國廟產納入公
益事業。廟產興學的社會風潮雖然因政治原因，不可能
直接影響香港，但在思想上對香港華人社會的衝擊仍在
所難免，時在行政局的首位華人非官守議員周壽臣，以
定例局議員的身份提出立法制訂法案，其目的亦正是反
映當時華人社會所出現的這種狀況。而且若再考慮到周
壽臣本人乃第三批大清留美幼童，成長後追隨洋務派重
臣袁世凱多年的政治經歷，其實不難推敲《華人廟宇條
例》的制訂和實施跟當時內地廟產興學風潮的間接關係。

　　從《華人廟宇條例》的第七條（二）至（七）項可
以看到，條例實際將一切華人廟宇視如公產，概應由港
府保管。當時香港一些華人廟宇，因恐被接收，於是審

慎地與政府建立關係，希望得以倖免。港府雖然來勢洶洶，但其實就在《華人廟宇條例》頒佈之初，就已經出現例外。條例第十三條為獲豁免華人廟宇，規定條例不適用於文武廟，另太平山街觀音堂、大坑蓮花宮、迪龍里綏靖伯廟、香港仔譚公仙聖廟、銅鑼灣天后廟，亦不適用於條例的第三、四、七、八、十及十一條，即港府在擁有權、管理權、監核權等方面，都法外施恩。文武廟另有《文武廟條例》為法律根據，故不在《華人廟宇條例》管理之內很容易理解，但其他幾座廟宇卻必須另作解釋了。

隨着時光流逝，這五座廟宇中的迪龍里綏靖伯廟和香港仔譚公仙聖廟，今天已經不存了。還保留的三座廟宇：太平山街觀音堂，據說創建於 1818 年，是私人廟宇，為鄧姓所有，廟傳第三代鄧倬雲時，創興觀音借庫風俗，自此名聲大振，信眾不絕；大坑蓮花宮，據說建於 1846 年，曾是私人廟宇，為曾氏所有。一年一度的大坑舞火龍習俗，起點即在蓮花宮；銅鑼灣天后廟，創建年代不詳，但廟內有大鐘鑄於 1747 年，又有碑記載此廟曾於 1868 年修繕。由於歷史悠久，香火甚盛。是私人廟宇，為戴氏家族所有。從表面上考察，這三座廟宇有不少共同點：都具相當的歷史，有穩定的信眾，而且均是私人廟宇。然而從《華人廟宇條例》的立法原意：「制裁及防止侵奪中國廟宇管理權，暨制訂中國廟宇基金之管理條件」看，其最關注者是廟產和廟產被侵奪問題，但私人廟宇的廟產既屬私人，自然就有不容別人置喙的繼承安排和相關的法律保障，即不存在廟產被侵奪的問

仙蹤佛跡：香港民間信仰百年

題。雖然《華人廟宇條例》關於華人廟宇的釋義遍及一切廟宇，甚至包括寺、觀等等佛教和道教道場，而且其中並無界定廟宇的擁有形式，不過尊重私有財產這是西方法律的基本原則，《華人廟宇條例》在執行上不可能有所違背。顯而易見，這五座廟宇可以在《華人廟宇條例》中獲得特許，最關鍵的一點正是其私人性質。

這五座廟宇均在港島，而港島遠較九龍半島的發展為先，條例既予港島私人廟宇法外之恩，當然亦須預留空間，以靈活處理在九龍半島及新界地區發展時所出現的私人廟宇問題，故《華人廟宇條例》的第十三條，賦予當局權力，可以增補法外施恩的名單。不過，法例對這些獲豁免廟宇的態度也是明顯的，第十三條第二項：「無論何人，不得為特許中國廟宇或關於各該廟宇之任何目的之募款，或提請或要求公眾題捐，但在或關於各該廟宇區域範圍之內募捐或募捐者不在此限」，即廟主只能在自己的廟宇之內，為廟宇或有關的活動向信眾籌募，離開本廟範圍即屬違法。一座廟宇，用於保護維修、神前香火的日常開支不少，條例禁止廟主向公眾籌募這些傳統上由信眾資助的費用，目的明顯是限制這些廟宇的發展規模，乃至讓這些廟宇隨着時間的過去，慢慢淡出，自然退出歷史舞台。事實上這個方法相當奏效，時至今日五座廟宇中，兩座已自然消失，另外的三座廟宇之一的大坑蓮花宮，廟主最終放棄了經營權，1986年由華人廟宇委員會接收，經過修葺復建，再重新開放。

據《華人廟宇條例》所成立的華人廟宇委員會，是實際接收和管理華人廟宇的執行機構。對於私人廟宇，

也非全然束手無策，其基本的接收策略是贖買。如 1928
年接收九龍城侯王廟，時廟主居衙前圍，經協商後華廟
會以每年支付港幣七十元酬答其先人建廟之功，並以十
年樂助七百元供村民建醮，從而取得該廟；1938 年華廟
會接收佛堂門天后廟，致函該廟林姓廟主：

> 啟者：
>
> 按照 1928 年《華人廟宇則例》、第七款第二節，本司茲請
> 閣下將坑口第 240 約第 92 號地段之天后廟割讓與華民政務司。
> 該廟現時閣下為司理人。華人廟宇值理決意於得該廟後，即將
> 其修葺。華人廟宇值理經已答允，每年由該廟入息首先提出 50
> 元與蒲岡村林姓家族。
>
> 此致
>
> 林奇山先生
>
> 華民政務司那魯麟啟
>
> 1938 年 10 月 4 日 [1]

按此函，華民政務司要求林氏將天后廟「割讓」，
並以每年五十元及修葺天后廟為代價。顯見即便《華人
廟宇條例》賦予港府全港廟宇的所有權，但私有財產仍
然不容侵奪，必須付出代價。

除了五座獲豁免的廟宇及私人廟宇，華人廟宇委員
會的主要工作對象，即一般由社區成立並管理的傳統村
廟又是怎樣一種情況呢？總的來說，隨着城市的不斷擴
展，當時市區和市區邊緣大部分華人廟宇處在將變待變
的階段中，而在新界農村地區的廟宇則大多仍然維持傳
統狀態。位在市區和市區邊緣者，因為社區消失或即將

消失，信眾遷離，原來村廟式的管理已不可能繼續，而自身亦無法產生新的方式。早在華人廟宇委員會成立之前，對一些因社區變遷而空洞化的廟宇，政府已作出接收，即使在無法可依的情況下，有關廟宇的值理會亦沒有激烈反彈，如旺角大石鼓觀音廟早在1926年便由港府接收並遷地發展，重建後逕交東華管理。不過，亦有廟宇採不合作態度，如前述的油麻地天后廟值理。華人廟宇委員會成立後，接收變成有法可依之事，對於不合作者可以採取法律行動。雖然如此，但華廟會仍非常審慎，其工作基本是圍繞市區發展而作出行動，並無將接收擴大化。目前華廟會直轄廟宇二十四座：十座位於港島，八座位於九龍，四座位於離島，兩座位於新界；委託其他機構管理廟宇二十座：香港九座，九龍九座，離島兩座。這些廟宇大部分位於市區港島和九龍，至於離島，因為香港城市發展的需要，很早就持續出現年輕勞動力向市區遷徙的情況，傳統社區變化較大，華廟會的接收亦順理成章。

由於新界地區早在香港開埠前就已聚居了很多人口，出現不少村落，當然亦有較多的廟宇。可是華廟會轄管廟宇名單中，屬於新界地區的卻只有兩座，可說十分不相稱。這兩座其中之一是前述的私人廟宇佛堂門天后廟，該廟位於西貢佛堂門海峽內水域，主要信眾是浮家泛宅的漁民，並無社區的依託。華廟會轄管廟宇中真正屬於新界村落者實際只有一座——沙田車公廟。這惟一的例外可能只是出於意外，因為1934年時沙田車公廟出現管理糾紛，長久不能解決，至1936年由華廟會介

佛堂門天后廟
....

入接管。在此之後，華廟會並沒有展開對新界其他鄉村
地區廟宇的接收，原因也許是當時實際上並沒有系統的
準備，而且也沒有客觀的需要。當時香港的發展尚未到
達開發新界廣大地區的階段，村廟仍發揮着傳統的穩定
鄉村社會的功能，沒有必要無端破壞，做吃力而不討好
的事。

《華人廟宇條例》對華人廟宇管理模式的發展

　　馬克斯・韋伯認為，社會進步本質上是一個理性化
的過程，而所謂理性化又在社會管理的科層制中得到最
集中的體現。韋伯科層制，所指的是其結構和運行均由
成文的規章制度高度控制的組織和制度。「根據他的分

析，理想型科層制具備以下特徵：⑴由法律和法規所規定的固定正式的管轄範圍；⑵在明確的權力等級制基礎上組織起來的各級辦事機構；⑶以書面檔為基礎並按照需要特殊訓練才能掌握的程式來進行的行政管理；⑷根據技術資源來任命的人格上自由的行政人員；⑸行政管理人員的職位根據資歷或成績而晉升；⑹按照級別發給固定薪金並享受退休金待遇；⑺實行照章辦事，不講情面，公私分明的原則。」[2] 以此對照《華人廟宇條例》和據之成立的執行機構，可見其科層制的色彩。而與傳統的廟宇管理相比，《華人廟宇條例》出台和華廟會的成立，從適應現代社會的角度看，當然是巨大的進步。正如韋伯所說的：「這樣的機構在技術上優於其他管理形式，就像機器生產優於非機械手段一樣。在精確性、速度、明確性、文件記錄的知識、慎重性、運作一致性、從屬體系以及減少摩擦等方面，官僚制（科層制）都勝過榮譽性的和非專業化的行政制度。」[3]

華人廟宇委員會的成立和實施管理，一方面使以往的傳統村廟管理模式在市區迅速消失，另方面亦有效地延續了不少因社區改變、信眾他遷而面臨香火蕭條，難以經營的廟宇的生命。廟宇管理與社區的脫鈎，使廟宇不再是社區的公共空間和行政空間，而僅僅是個信仰的空間。全港廟宇於是都落在了同一的競爭平面上，以廟神的靈驗為基礎，交通的便利、信仰活動的效應、廟祝所提供的信仰服務等等商業條件均成為取決經營成敗的因素。

《華人廟宇條例》第十條規定：

（一）中國廟宇對於某一廟宇司祝，依法得招人投承之。

（二）中國廟宇理事得決定招投某一廟宇司祝之條件，手續及其權限義務等。

（三）司祝所繳整款或分期繳交之款，應視為該關係廟宇收益之一部分。

（四）中國廟宇理事依法得委派任何人為某一廟宇之司祝，不必經過招投手續。

（五）中國廟宇理事對於某一廟宇司祝，不論是否由理事所委任者，依法得預先一個月給予通知書，終止其任期，通知限期既滿，該司祝任務即告終止，此後不得執行該廟司祝職務，但由中國廟宇理事再行委任者不在此限。

司祝，原義是指祭祀中致禱辭的人或廟宇中管香火者，在《華人廟宇條例》規定下則變成了一個職位。上文說過，東華在接管文武廟後，根據「勸善行善」的原則，陸續發展出一套廟宇管理權與具體營運權分離的機制。《華人廟宇條例》則是對此機制加以法律規定。司祝，即廟祝，其職責範圍按《華人廟宇條例》第三條，規定由華廟會訂定，違反即屬犯罪。華廟會如何制定司祝職責範圍，條例未有明確規定，也許是預留空間，使華廟會可應對不同廟宇的具體情況。

關於華廟會對香港華人廟宇的日常管理，以司祝之任命方式而言，可分為兩種情況。其一是根據第十條第一項的規定，以公開招標方式，依法招人投承。投標者有沒有管理廟宇的經驗，是可否得標之重要考慮因素，另投標者之從商經驗，曾否犯案，其直系親屬是否亦從

事廟宇管理等，均必須據實填報。經審核後，通過者可獲投標資格，而投標原則一般是價高者得。從 1960 年代華廟會與廟祝所簽訂的廟祝委任書中可以看到：

……

（二）不得將該廟宇任何部分之佔有權轉讓、分賃或斷送與他人，並不得將該廟宇之管理工作與他人分擔或企圖將之與他人分擔，且不得容許任何人等將該廟宇之任何部分作非關參神之用。惟該司祝及其曾獲該委員會書面許可之家人及僱員，則可使用該廟宇內曾由該委員會指定之部分作居住之用，除此等人之外任何其他人等均不得在廟內居住。

……

（四）保持廟宇及其裝置與裝飾品的整潔。

（五）不得向參神者索錢財。

（六）未得該委員會之書面許可，不得容許算命者、掌相者、骨相者或占卜者在廟內營業；如獲許可，則各該人等亦只能在該廟內經委員會指定之部分經營其業務。

（七）不得憑藉該廟宇名義向人勸募款項以為該廟宇神誕法事之用。

（八）不得干擾在該廟宇內舉行之參神法事。

（九）未得該委員會之書面許可，不得擅將該廟宇改建或加建，並不得在該廟宇內外添設裝置物。

………

（十二）廟內不得容許聚眾喧嘩、猥褻行藏、誨淫舉止，並不得容許任何人非法使用危險藥品。

（十三）無論以其本人名義或以他人名義，均不得標投別

一廟宇司祝之職位，並不得從事或執行別一廟宇司祝之職務或其他任何類似職務。

（十四）在是項任終止或在其提早終止時，該司祝須將該廟宇交回該委員會，並須根據其本人前曾簽署之清單，將廟內可移動之物件數交還該委員會。如有破損者須先將之修理妥當。

委任書內明確地標示出作為司祝的日常職責，是保護廟宇財產和維持廟宇的基本秩序，使廟委會可放心信託，而信徒亦可在廟內安心參拜。將之與東華三院之《廟宇管理規則》相比，即可見其相互影響之關係：

（六）投承之司祝須保持廟內及廟外空地整潔。

（七）投承之司祝不得窩藏聚賭及有違犯港例等事情，違者除由警例處分外，並沒收所有按金、上期租及將其租約廢除。

（八）投承司未經院方許可，不得私自增加建築物或改建廟宇內部，違者照上列第七條辦理。

通過招標任命司祝的制度，原本應該成為廟宇日常管理的成本支出，變成了華廟會的重要收入來源，而且更通過合約的形式，以成文的規章制度，對廟宇實施統一的質量化管理。司祝之所以樂於競投此職，當然並非純然出於宗教上的原因，從實際而言這也是一項有利可圖的事業。司祝可以從事的或者只是售賣香燭、簡單法事、解籤等服務，但每年當各地有名廟宇開投司祝，經營司祝生意的人，都競出高價去投承，因為這是一宗

極好的買賣，不管戰爭不戰爭，太平不太平，善男信女都不能離開神的依靠，找職業也好，解決婚姻問題也好，搬家也好，遠行也好，都要向神請示，患病更少不得，拜神的人一多，司祝就生意興隆了。香港尊崇廟祀之風，即使是淪陷日軍之手的三年零八個月仍無改變。1943 年 7 月 3 日，日軍把全港所有廟宇統歸「華民慈善總會」接管，「慈善總會」按華廟會原來的方式向社會開標競投。部分廟宇的競投價，據陳智衡的研究，「1943年到 1944 年間，部分廟宇的投價升幅已十分顯著，由兩倍到十多倍不等。但到 1945 年的投得價中，升幅則是由四倍到六十多倍不等，增幅異常驚人」。不過，陳智衡亦指出，「廟宇投得價升幅反映當時物價高漲，軍票不被大眾信任而導致貶值的社會狀況。另一方面，不少人在戰亂時期仍甘願付上高昂價格來競投廟祝一職，反映出廟祝一職在當時必然是獲利甚高的投資行業。」戰後至今，此風仍熾，一些香火鼎盛的廟宇，競爭司祝職位者越來越多，中標價亦越推越高，據報刊報導，沙田車公廟 2001 年中標價為二百五十萬，2005 年已升至四百八十萬；紅磡觀音廟 2002 年中標價是一百二十萬，2005 年升至三百三十萬。

廟宇經營的商業競爭是以廟神的靈驗為基礎的，一些靈跡顯著的廟宇，加上交通便利，信仰活動效應受到普遍關注以及司祝方面的刻意經營，香火往往更加鼎盛，乃至成為港人信仰的代表；一些靈驗傳說較少，地處較僻的小廟，就會出現香火零落，缺乏司祝問津的情況。為平衡兩者，除了降低投標門檻，據說華廟會往往

▲冒收捐助廟宇欵項判監

盧明被控共三罪、（一）于十號至亞殊利道十一號僞稱奉命代天后廟收捐欵、向羅次驅去銀三毫、（二）同日以同樣術向亞殊利道三十號蔡文驅去銀三毫、（三）于十三號至俟質屋宇七號黃廣田住宅、僞稱奉命代紅磡觀音廟收捐欵、意圖向黃某驅銀一元、昨早由威司提案、被告對于一二兩罪直認不諱、惟對于第三罪則否認、并謂當時質問黃某是出先生否耳、至此官以被告既認一二兩罪、遂飭上控西探目嘉列願將第三罪註銷否、烹氏亦無異議、官遂判被告一二兩罪每人苦工監二月、而命蔣某于卅註銷、

1930 年 4 月 16 日，報章刊出有人因冒收捐助廟宇款項被判監。

廟宇司祝明日開投
開投地點●東華醫院

香港及新界各區廟宇、向由政府委派廟祝收理廟主遷一切水荳、為統制司祝及接管臣、藉凪和（曹壽允、謝民政務司）、李右泉、保員司首常總理（屈……華）、東華醫院曾總理、……各……八四代表（周……壽臣（貢廣田）每年間各廟司祝俱委興之（謝不華）、及……常總理……奉人獎開投一次、有提投承者、須先繳按金一百元、（俟王廟三百元）然後使用暗票開投、……價高者得、各廟字之……、香港火燭愈盛、油蔴地天后廟與文武……之文武廟又次之、長洲之北帝廟與文武廟相等、下則各區廟宇司祝、陰文武廟及油蔴地官帝廟外、……于昂下午二時乃用三……元投得者、又油蔴地天后廟約一萬元……文武廟及……北帝廟約七千餘元、近年來因別界昇不易、失業者眾……七大……千元云、

1934 年 6 月 2 日，報章刊出廟宇司祝開投報導。

採取措施，將小廟的經營與大廟的投標搭配，使中標者必須同時經營兩者。在華廟會的標書上，通常都會在附注上聲明：「根據《華人廟宇條例》（香港法例第153章），委員會可不經招標而委任任何人士出任廟宇的司祝。條例亦賦予委員會酌情決定權，以決定投標條件、招標方式以及司祝的權力和義務。因此本委員會有權不接納最高投標或任何投標及有權隨時終止整個投標過程」。顯然這是對以「價高者得」的純商業模式的修正，然而這種行政措施，詳究其實不也是一種商業的手法嗎？

《華人廟宇條例》第十一條規定：

> 中國廟宇理事依法得酌量委派某人管理某一廟宇及該廟所有收益，並得撤銷此項委任。

根據是項規定，香港除了有一個華人廟宇委員會作為主體機構，對華人廟宇進行管理，還可以出現其他的由華廟會授權直接進行廟宇管理和經營的機構，而且這些另外的機構，無論在數量、被選用條件等等方面，都沒有相應的規定，全憑華廟會決定。目前所見的被華廟會委託，負責從事華人廟宇管理的機構包括三類：

慈善機構。主要就是東華三院。作為具有悠久歷史的華人慈善機構，東華三院受港府委託從事廟宇管理的時間比華廟會更早。事實上在華廟會成立之前，港府所接收的華人廟宇基本上都是交由東華三院進行管理的。華廟會成立後，亦有將廟宇交由東華三院管理。

宗教團體。主要是道慈佛社。道慈佛社於1944年由

楊澤霖居士創辦，是一個佛教淨宗團體。其道場於 1952 年由政府撥地初建，1954 年再將主殿、藥師殿等遷至現址。道慈佛社的道場加入華廟會的時間不詳，惟一直由道慈佛社管理。另一個由宗教團體管理的是黃大仙祠，其管理的委託，據說是由華廟會授與東華三院，再由東華三院永遠授與道教團體嗇色園。這兩座廟宇，一佛一道，都是制度化宗教的道場，由傳統宗教組織管理，與華廟會所管轄的民間信仰廟宇並不一樣。

居民團體。包括赤柱區街坊福利會、石澳居民會有限公司、東涌鄉事委員會、赤鱲角天后宮管理協會。廟宇管理交由居民團體進行的這一種廟宇管理形式，可視為村廟管理傳統在現代的延續。不過，廟宇的所有權不屬於地區，管理權力亦隨時可以被收回，故這些以傳統形式管理的廟宇亦以必須接受現代科層管理為前提。

由於不同團體具有不同的性質，使香港廟宇管理在基本統一的基礎上，又有不同的表現形式，呈現多元化的傾向。這些團體各自積累着不同的在現代管理華人廟宇的經驗，這些經驗反過來又對彼此的管理，乃至華廟會的管理有所促進。

管理的科層化雖然給予社會發展有力的協助，但其弊端也是顯而易見的。商業因素的引入，令情況變得更為複雜。這表現在香港華人廟宇的管理上，首先可以見到科層化並不能減少其中的舞弊，反而由於其權力的集中化和運作的不以道德和宗教為依歸，使之成為事故發生區域之一。2005 年 5 月，香港廉政公署實施「神鷹」行動，破獲華人廟宇貪污案，並成功拘捕和檢控了涉案

人士。其次，科層化使廟宇經營走向標準化的同時，亦削弱了信仰文化本身應有的多樣性和豐富的生命力。九龍城侯王廟曾是九龍城區重要信仰之一，戰前的香火十分鼎盛。1937 年，華廟會為該廟招投司祝，每名投標者之押金已達港幣三百元。戰後，隨着人口遷入，社區變遷，逐漸被附近的黃大仙祠超越。顯然，社區的變化並沒有減弱信仰的需求，問題是原先依靠本社區信眾的廟宇如何適時應勢。黃大仙祠由宗教團體嗇色園主理，有定期的宗教活動，又施藥贈醫，侯王廟則由華廟會依投標所得交由廟祝經營，而廟祝卻無設法延續或擴大本廟廟神信仰之責。再次，在商業模式的影響下，標準化並不能貫徹到底，管理上良莠不齊，成為華廟會必須設法解決的問題。

東華三院所轄的上環文武廟，自 1957 年開始取消廟祝制度，由院方直接管理。東華三院根據社會的發展變化，陸續實施不同措施，以推廣文武廟信仰。包括每年由東華三院總理邀請政府機關首長及殷商賢達，到文武廟作春秋二祭，藉以崇功報德，使文武廟成為傳媒年度例必關注的焦點；又以學生學業壓力增大，而且家長望子成龍心切，推廣文昌信仰，吸引家長及在校學生到廟參拜；吸收沙田車公廟「風車」宗教精品經營經驗，製作「文昌筆」宗教精品；東華又吸收香港佛道兩教寺觀管理經驗，1994 年，耗資七百萬元，在文武廟後加建善德宮，供信眾租用以供奉先人靈位。而承辦文武廟內宗教服務如解籤等的個人或單位，亦須經東華三院嚴格挑選，已非純由價高者得。

東華三院的文武廟管理經驗，對華廟會的改革無疑是相當有啟發的借鑒。一如當初效法東華實行廟祝投票制度，2006 年，華廟會考慮設立直接管理廟宇的試點。關於是項改革的目標和管理設想，媒體採訪了時任香港民政事務局局長的何志平：

> 為解決過往華人廟宇管理水平參差不齊的毛病，會分階段收回部分廟宇的管理權，主要是將管理及宗教分家，日後辦宗教儀式或解籤的「師傅」服務都會外判，而一切收費如香燭價及解籤紙費等都仿效康樂及文化事務署的小食亭般標明價格，確保善信入廟參拜時可得到現代化及水準劃一的服務，不過，他說或不會全部回收所有管理權，部分按現有模式運作良好的廟宇會維持現狀。

至於具體的管理措施，以華廟會直接管理的首間試點廟宇九龍城侯王廟為例，據 2006 年 5 月 17 日香港《文匯報》的報導，包括：

> 引入電腦化營運管理模式，善信在廟內求籤後將會記錄下來，電腦並會將求籤的內容分類，日後若有任何放生會或姻緣大會等活動，便會以電郵方式邀請他們參加。而廟宇內的香燭及其他紀念品亦以電腦條碼記錄，參觀人數也同樣會以電腦統計下來。委員會希望將這個運作模式可推展至其他廟宇。
>
> 引入⋯⋯環保化寶爐，將香燭等物料化成水蒸氣，符合環保要求，又可減少廟宇牆壁及天花受煙火燻黑，改善空氣質素。
>
> 廟宇亦新增了「許願角」，讓善信購買許願卡後祈福許願；

佛光堂則讓善信租下不同大小的金佛像供奉 3 至 12 個月……
善信也可購買添福延壽卡到添福延壽池求消災解難。

……龍華堂供奉先人靈位。

委員會已印製繁體中文、簡體中文及英文共 3 種語言的小
冊子及宣傳單張派發;也特別印製旅遊護照,介紹華人廟宇委
員會管理的 24 座廟宇的特色。

委員會亦會與區議會及地區團體合作舉辦道教及佛教研習
班,引起市民對廟宇的興趣。

展望

從村廟的傳統管理,演變到今天科層化的現代管理
模式,香港華人廟宇基本上做到與時並進。今天看來,
其科層化的現代管理模式雖然有着科層制難以避免的弊
端,商業化管理的引入亦有可能造成貪瀆之類的問題,
但其對現代社會的適應性仍是傳統管理所難以企及的。
而且,《華人廟宇條例》明訂華廟會有權將廟宇管理權授
出,由此形成在單一權源下的多元化管理體系。這些管
理體系互相競爭,又相互吸收管理經驗,使這個管理模
式不致因過度的統合性而缺乏應對社會變化的能力。

在現代化理論研究中,何傳啟提出二次現代化理
論,指出:「從農業時代向工業時代的轉變過程是第一次
現代化;從工業時代向知識時代的轉變過程是第二次現
代化。」「兩次現代化有不同規律和特點。第一次現代化
的主要特點是工業化、專業化、城市化、福利化、流動

化、民主化、法治化、世俗化、資訊傳播和普及初等教育等。第二次現代化的主要特點是知識化、分散化、網路化、全球化、創新化、個性化、多樣化、生態化、資訊化和普及高等教育等。在第一次現代化過程中，經濟發展是第一位的，物質生產擴大物質生活空間，滿足人類物質追求和經濟安全。在第二次現代化過程中，生活品質是第一位的，知識和資訊生產擴大精神生活空間，滿足人類幸福追求和自我表現；物質生活品質可能趨同，但精神和文化生活將高度多樣化。」[4] 依據他的標準，在 2000 年，港澳地區就已進入了第二次現代化。按此理論看華人廟宇的管理，依香港的經驗，同樣經歷過農業時代向工業時代的轉變，在此過程中所創建的現代管理模式，也具有第一次現代化的基本特點。在第二次現代化的起步階段，這個模式也恰好開始進行相當程度的自我完善，初步出現了知識化、分散化、網路化、創新化、個性化、多樣化、生態化等等特點，說明了配合社會需要與時並進，仍是這個模式的清源活水，是生命力之所在。

在宗教管理的第二次現代化的進程中，作為香港華人廟宇管理基石之一的《華人廟宇條例》也可能會受到時代的反衝擊。作為宗教場地的華人廟宇與作為進行傳統儀式的公共空間，是否需要區分；華人廟宇的產權歸屬、管理自主和宗教自由等，該如何以法例形式加以保障；回歸中國之後，香港本地傳統信仰外的宗教信仰，如天主教、基督教和伊斯蘭教等，是否需要納入一統化管理體系，以體現宗教平等；在一個多元化時代，宗教

管理的一統化是否尚有存在價值 …… 如此種種，若不能得到妥善解決，勢將影響第二次現代化的進程和效果。

註釋

1 轉引自張瑞威：〈宗族的聯合與分歧：竹園蒲崗林氏編修族譜原因探微〉，《華南研究資料中心通訊》第 28 期（香港：香港科技大學華南研究中心，2002），頁 7。

2 周建國、麻樂乎：〈理性、新教倫理、科層制和社會發展 —— 馬克斯·韋伯的社會發展理論〉，《社會科學家》第 6 期（廣西：社會科學家雜誌社，2002）。

3 轉引自〔美〕萊因哈特·本迪克斯著，劉北成等譯：《馬克斯·韋伯思想肖像》（上海：上海人民出版社，2002），頁 460。

4 何傳啟：〈現代化目標的世界座標〉，見中國科學院網頁 http://www.cas. ac.cn/index/0Z/0M/02//Index.htm。

07

戰前香港華人傳統
宗教發展與變奏：
儒釋道的合與分

近代以還，中國傳統社會解體，政治動蕩，民生凋敝。在社會轉型的強烈陣痛中，民眾亟需心靈的撫慰和實際的支援。然而隨着傳統中國的走向末路，作為中華文化價值根本的儒家倫理，似已被現實證明為不合時宜，佛、道兩教歷經明清兩代的衰微，亦在很大程度上被儀式化。僧人道士只懂經懺悼亡，不解講經接眾，能在當時社會發揮宗教影響者，反而是一度被朝廷趕盡殺絕的民間教派。民間教派深入城鄉，大部分力倡三教合一：以佛、道神靈之名，為百孔千瘡的儒家倫理帶來神學背書；以道教丹學指引自救者卻病延年之道；以佛教禪法啟悟百姓的終極宗教追求。雖然民間教派的神學理論可能不夠細緻，但對當時的中國社會卻相當實用，特別是通過扶乩，藉仙佛之口宣之，影響更為廣遠。民間教派因而大行其道，遍布全國。

　　香港本是中國海隅，一個傳統的農、漁社會。原本的宗教建設，就是一些鄉祠家廟，賡續基本的中華傳統信仰。雖云地處海上絲路，傳說曾有大德往來香港，並建有寺廟，但歲月消磨，一切早成遺跡。開埠之後，居民不斷增多，引動內地宗教大德關注。先天道是內地著名的民間教門，提倡三教合一，教義強調外功內果，而辦外功則以弘道為天道之功，故道眾均積極弘道。現考最早來港進行傳統宗教傳播的，正是先天道。據目前考察，最早在今香港地區建立的道觀為光緒九年（1883）大嶼山的純陽仙院，後仙院由道入佛，改名鹿湖精舍。不過，當時大嶼山尚屬清廷管治，顯見創建者未必有弘法香港的存心，而純陽仙院與先天道似乎亦有牽涉。筆

田邵邨是先天道萬全堂派在香港的重要
開拓者

者曾著《庶民的永恆：先天道及其在港澳與東南亞地區
的發展》一書，其中有先天道最先傳港的介紹：

> 據較確實資料，最早可追溯到光緒十二年（1886），田邵
邨在九龍大石古所建之小霞仙院。此年正是李植根就任兩廣十
地的第二年，田邵邨所以會到港傳法，亦正是受李植根之派
遣，故應屬於當時李植根將先天道向兩廣全境擴展努力的一
部分。

田邵邨創立的小霞仙院座落在油麻地大石古，因當
地住有不少來自客家地區的五華和惠東的打石工匠，故
院內奉祀他們熟悉的譚公仙聖，並設救生藥局，以扶乩
開方贈藥。

田邵邨不僅在基層社會弘揚教化，由於他擅文才，
有詩名，更積極開展與香港紳商賢良的接觸。他最好
的朋友之一胡禮垣（1847-1916），號翼南，晚號逍遙

客，是近代中國最早系統宣傳社會契約論和天賦人權論的啟蒙思想家，他與何啟合撰的《新政真詮》為中國的變法維新提供了一整套理論和實施方法，在當時極具影響。胡氏被田邵邨推為香江博士、羲皇上人。宣統二年（1910），胡禮垣撰文回憶 1890 年代在香港認識田邵邨並與其論道的情景，給後人記錄了田氏當年的過人風采。

> 田子⋯⋯明珠仙露本其心，水月松風本其度。二十年前，與余相遇於九龍望鶴齋中。初接康成，一見而欽為長者，再招祖約，深談而同入玄關。[1]

兩人為終生莫逆之摯交，往來唱酬，相交相知。胡氏臨終前更親囑田邵邨為他主持出版遺作。田邵邨的全面開拓，不僅為自己所屬道派在港發展植下深根，對於其他民間教門，乃至傳統的佛、道二教，也作出很好的示範。在他之後，傳統宗教傳入香港，除了必須注意在基層的推廣，爭取本地上層華人的支持往往成為決定性的前提。

崇道必先尊孔

十九世紀末二十世紀初，孔教在香港華人社會上層具有廣泛的影響。孔教，真正被獨立作為宗教提出，不過始自清末民初的康有為。1909 年，香港才出現第一個孔教團體 —— 孔聖會。然而，港英政府對孔教的重視卻遠超於其他傳統宗教。事實上，當時的孔教團體確是香港具代表性的華商和文化精英的集結，劉鑄伯、李葆

葵、李亦梅、馮平山、馮其焯、楊碧池、盧湘父、何明達等等，均有直接或間接參與。孔聖會在華文義務教育方面的開展亦甚為積極進取，甚至一度擁有學校三十五所，包括香港第一所華文中學，成為全港最具規模的華人辦學團體。孔聖會甚至效仿基督教青年會，成立俱樂部，設閱覽室，組織足球隊、乒乓球隊、象棋會等等，以豐富廣大市民的文娛體育活動。孔教團體又成功開展了農曆八月二十七日孔聖誕慶祝活動，使這個誕日成為團結全港華人的重要節日，熱鬧程度媲美西洋的基督聖誕，甚至連康有為都不禁讚嘆。他在〈曲阜大成節舉行典禮序〉稱：

> 近在香港、新架坡舉行聖誕之典，全港商店停市，乃至各國銀行亦停市一日，衢道人家，莫不張燈結彩，飲酒歡呼，於是典禮大盛矣。

劉鑄伯（1867-1922）是香港中央書院畢業生，香港華商總會（即今香港中華總商會）創辦者之一，又是港府潔淨局議員、定例局（即後來的立法局，今立法會）首席非官守議員等等。孔教可以在短時間內興起，應該說與孔教中人的社會地位及他們跟港府之間保持的良好溝通有關。不過，雖然如此，但當時的孔教團體應該說似同人結社多於信仰團體，其成員大部分都是社會賢達，並沒有專職的神職人員，儀式不完備，甚至亦缺乏一個具規模的奉祀地點。早在孔聖會成立之初，劉鑄伯便倡議建立孔聖大會堂，卻因為各種原因和時機，直到他離開人世都未能成事。

劉鑄伯是香港著名華人賢達，
孔聖會創辦人。

　　如何與孔教結合，以爭取華人上層社會的支持，是
當時其他傳統宗教團體的重要課題。1922 年 8 月，嗇色
園修建「麟閣」，開闢出香港首個奉祀孔子的殿宇，可
謂是對剛在 5 月過世的劉鑄伯演奏的安魂曲。對當時的
嗇色園來說，麟閣是仙師殿以外惟一一個奉祀神靈的殿
堂，重要性不言而喻。麟閣為招集本為孔教信徒的社會
賢達入園起到重要作用，使嗇色園儼然成了重要的孔教
道場。不少知名的孔教信徒，陸續成為嗇色園弟子，如
李亦梅、林紹銘、吳伯鏞、何藻雲、勞海應、何華生等
等。1927 年，擴充先天道香港道德會福慶堂，購置會址
後，由主奉呂祖和張、王二師轉為主奉孔聖兼祀先賢。
首屆會董中亦有不少香港社會知名人物，如會長區廉
泉，副會長杜四端等。
　　港地精英對傳統宗教的認可和接受，敞開了傳統宗
教的播港之路。隨着內地政治和社會的變化，移港居民
越來越多，傳統宗教團體亦如雨後春筍一樣湧現。1926

年2月2日《香港華字日報》的〈新界道院〉有如下報導：

近年內地兵戈迭起，避居香港者日眾。厭世者流，因有道院之創設。新界一隅，幾於無地蔑有。約舉其數，不下數十所，而尤以女道院為多。

今先舉男道院之數：其著名者，大埔碗窰桃源洞，是院為田邵邨手建。田初居梧桐山，後緣匪亂，始遷居於此。徒侶或來或去，常駐院者，不過三二人而已。次為屯門青山道院，是院規模頗宏壯，方丈、客堂、廚、廁，事事俱備。以視桃源洞，一廳一廊者，有過之無不及焉……此外各鄉廟宇，雖間有一二男道士在內主持，然為數無多，不能與上兩院比衡也。

若女道院，則雲蔚霞蒸，日興而未有艾。其最盛者，莫如八鄉觀音山，暨屯門青山。該兩山女道院，為數已二三十所。剃度、未剃度均有，群雌粥粥，其數殆在百人以上，可謂極佛門之大觀矣。此外，沙田普靈洞，西式樓台，地方雅潔，尤為女道院之翹楚。而涅涌背後大坑，上年新建女道院，亦足與普靈洞頡頏。核兩地人數，總在五十以外，但不常川駐宿耳。此外各婦女，或十人八人自營一院，帶髮修行，尤不勝屈指焉……近日紹徑村竟發現新建乾坤同善社，觀其募捐小引，女界列名者，幾及百人。而上水鄉文武廟，齋娘之由華界避亂來者，人數亦已逾十。

由於傳統宗教之傳入港地，以三教團體為始，故當時社會對傳統宗教的認同亦以三教為主，大眾認為修行人剃頭與否，皆是修道。因是之故，無論佛、道或三教道場，都稱為道院，形成華人傳統宗教儒、佛、道、三

教都不分的基本格局。

《華人廟宇條例》對華人傳統宗教的影響

進入到 1920 年代末期，隨着內地北伐成功，國家統一，國民政府成立，香港亦發生微妙改變。此時香港總督是金文泰（Sir Cecil Clementi, 1875-1947）。金文泰雖然在 1925 年才開始其港督任期，但此前的 1900 年至1913 年他已曾在香港服務。此番崔護重來，是因為其前任司徒拔在省港大罷工錯判形勢，令殖民政府進退失據，需要借助其熟悉中國文化的長材，改善香港與內地的關係。金文泰履新後，積極與蔣介石領導的國民黨展開對話。不但解決了省港大罷工的遺留問題，還在 1928年 2 月，北伐戰爭節節勝利之際，代表英國政府正式承認南京國民政府。文化教育方面，在金文泰的提倡下，香港大學增設中文系，前清太史賴際熙、區大典等在此教授儒家典籍，港大的子曰詩云，與 1919 年以後中國以新文化為主流的情況大異其趣。金文泰又在孔聖會中學的基礎上，成立首間官立漢文中學。在力倡儒學的同時，金文泰卻對華人廟宇實行監管。1928 年 4 月 27 日港府定例局三讀通過的《華人廟宇條例》，以防止廟宇管理失當及資金濫用為由，強制全港華人廟宇（包括廟、寺、觀及道院、庵和相關宗教所供奉神明的地方）必須進行登記，由港府所設的華人廟宇委員會接收廟宇及財產，並全權控制。

對香港的傳統宗教廟宇而言，《華人廟宇條例》實

仙蹤佛跡：香港民間信仰百年

際就是一通廟產沒收令。雖然自清末民初，中國內地已不時有廟產興學之議論，亦間有掠奪廟宇財產作為他用的情況，惟中國歷史素重神道設教，不少寺廟均是由歷代王朝或達官貴人撥款興建，其廟嘗田產也是由國家發給，有一定的公共財產性質。民國以後，信教自由，國家認為必須將廟產收歸國有，以免公共財產因政教分離、缺乏管理而流失，這亦有一套可以自圓其說的道理。而在香港，英人佔港以前的廟宇大部分是鄉祠，由鄉民自行捐資創立；英人佔港以後亦不曾動用分毫公共財產興建或支持過任何廟宇，因此可以說所有廟宇都絕無公共財產性質。雖然取得廟產的目的是作為華人慈善基金之用，但實行英國法律、強調私有財產神聖不可侵犯的香港，卻放任政府對華人廟宇財產公然侵吞，相信仍教許多人始料不及。更令人奇怪的是，此例的通過實行，得到當時華人領袖全力支持，甚至是出面解釋。處於弱勢的華人廟宇缺乏反彈，只能噤若寒蟬，任人魚肉。相比此前不久的省港大罷工時華人社會上下一心的巨大聲威，簡直判若雲泥。顯然這種情況不是單純以殖民政府強制推行政策就可以解釋，它實際上反映當時華人社會部分人士對傳統宗教的負面態度。如提交此案的正是議政局（即後來的行政局，今行政會議）首任華人非官守議員兼定例局非官守議員周壽臣。他曾出任清廷關內外鐵路總辦，官拜二品，民國成立後又榮獲三等嘉禾勛章，辭官回港後深受華商尊崇和港府的重用，成為本地華人社會的重量級領袖。除他以外，其他華人領袖亦持同一立場，如華商總主席李右泉與華人代表羅旭龢

在 1928 年 6 月 29 日的《香港華字日報》上，對制訂《華人廟宇條例》有如下的釋義：

此例之所以立，原為華人廟宇有租一層樓，前便奉神，後便為住眷者；又有租一小房而供人參拜者，其中良莠不齊。政府遂與華人紳商磋商，以廟宇中祀正神者固多，而藉神行騙如最近兩年發生誘人（種銀樹案等）亦不少。政府為徹底清查起見，不能不實行取締，此取締《華人廟宇則例》之所由立也。此例既已頒行，凡有司廟宇之責者，第一級須速往註冊。註冊後華人廟宇值理調查明白，或令其取消，或准其保留，此則完全視乎良莠二字而分別之云云。

……

華人代表……羅旭和博士……解釋此例更為明白……此例之所以立，無非防範歹人藉借宗教或神佛為名，勒索棍騙為實者。但華人習俗上對於祈禱亦不能全免，華人值理亦只有調查清楚，秉公辦理而已。

1928 年 6 月 28 日的《香港華字日報》上，記者的訪問報導反映了港府認為條例對於傳統華人悼亡業者沒有妨礙：

本報訪員親往見華民政務司那大人。（問）此例之頒行，目下以道士與南巫先生為最恐懼。蓋此輩之事業，係專與人拜神或祈禱為生涯。此例頒行後，未審於彼輩之飯碗問題有無妨礙？……司憲答曰：照例文所載，如道士南巫先生等包租一房為自用，而非任人往拜神祇、出外為人祈禱者，當然不受此例所束縛也。惟此輩勿招人往其屋之一部分參神，則無礙矣。

（又問）然則尼姑庵或和尚寺常有在庵內為人打齋超度亡魂者，如此亦作為犯例否？（答）照此例第一件，須先往註冊。若註冊後，如果有佔全間屋一部分之廟宇，欲免為此例束縛者，可同時入一稟章到本署。本司接受稟章後，當即交由華人廟宇值理調查後，方有酌奪。如果查得其人有犯借神勒索者，則必傳其到署，先行警誡。至於控告，政府必慎重將事，未必第一次即行控告者也云云。

《華人廟宇條例》的實施，使到華人廟宇完全受制於華人廟宇委員會之下，香港華人傳統宗教的發展空間大大收窄，在條例實施後的幾個月，1928 年 12 月 15 日，香港《工商日報》載：

> 政府決議實行取締不正當廟宇後，經推定值理，專辦理此事……係由華民政務司那魯君為主席，定例局華人代表周壽臣、羅旭和，潔淨局華人代表曹善允、黃廣田，團防局代表李右泉，東華醫院代表鄧肇堅，廣華醫院代表黃少卿，保良局代表馬敘朝，九人擔任。將來所有取締不正當廟宇，及開投公眾廟宇事宜，均由各值理會商進行。現聞不正當廟宇有二三十家，經由政府下令限期停閉。不日此等不正當之神棍，將可由此消滅矣。

如何判別廟宇是否正當，在《華人廟宇條例》而言，首先就是廟宇是否已經登記，沒有登記者不容許存在；而所謂登記，亦即是將廟產的所有權和實際的管理權轉交給華人廟宇委員會。條例公佈後，大多數廟宇起初都在觀望，沒有馬上進行登記，就是這個原因。港府則通

過各種手段施壓，一方面加強執法，另方面則通過輿論，強調只有登記的廟宇才屬正當，沒有登記者必須取締，從而脅迫華人廟宇自投羅網。1928 年 11 月 26 日的香港《工商日報》載：

> 自華民署宣佈凡公眾廟宇，均須註冊後，本港各廟宇，多已遵例註冊。惟一般私人設立，或藉神歛財之廟宇，均為華民署取締。查九龍之黃大仙廟、必烈啫士街之財神廟、灣仔之赤腳大仙廟等，近日為華民署所取締云。

《華人廟宇條例》的實施，除了實現港府對華人廟宇的管控，亦大大改變了香港華人傳統宗教格局。條例實施初期，孔教雖然仍一支獨秀，卻離傳統宗教越來越遠。1935 年孔聖堂開幕，這是劉鑄伯生前遺願，然而原計劃中的崇奉孔子先師及四配七十二賢的大成殿始終沒有出現，反而成了全港華人首個公共會堂，對後來的抗日宣傳和新文化的普及提供了強而有力的協助。到是年 9 月港府委任許地山為香港大學中文系教授，主持改組和改革，新文化運動成果如潮湧至，孔教孤軍作戰，備受衝擊，獨尊地位難復。倒是嗇色園的麟閣和始建於 1941 年的孔道門留存至今，標誌着提倡三教合一的嗇色園對儒教的虔誠侍奉。

雖然《華人廟宇條例》沒有區分正信邪教、正祀淫祀、正見迷信等等，但其所針對的僅是華人傳統宗教，不能不使到華人傳統宗教被極大程度地邊緣化。港府對華人傳統信仰的歧視由此變得正式化、全面化，從而帶來深遠的文化影響。市民在輿論一面倒的對迷信的撻伐

聲中，名不正、言不順地賡續着自己的信仰傳統。在此
過程中，他們不能不對宗教場所、宗教人士，乃至宗教
儀式和崇拜對象，甚至對教義所宣揚的傳統倫理價值產
生懷疑。香港華人亟需新的精神支柱以為安身立命之本。

香港佛教的復興

　　清末以來，為尋求救國濟民之道，志士仁人除了
向西方學習富國強兵之道，民主科學之理，亦有深入傳
統，以期為世道人心之改造、民族精神之重鑄探求啟
示。在儒家倫理被認為過時，道教法術淪為荒誕之際，
重明佛學的理性光輝，再認佛教的現實意義，成為不少
傳統士紳新的追求。其中，以楊文會為代表的居士佛
教，於 1866 年創辦金陵刻經處，整理重印佛教珍稀典
籍，1908 年又興辦新式僧校祇洹精舍，提倡佛教教育，
成為近代佛教復興的先行軍。二十世紀初，居士佛教風
潮影響至港。學者鄧家宙在其《香港佛教史》一書稱：

　　1916 年，最先有社會賢達潘達微、陳靜濤、陸蓬仙、吳子
芹、盧家昌、羅嘯嗷等人……辦「香港佛教講經會」，是本港
都市佛教團體之濫觴。該會旨在研究佛學，規模甚小，偶之刊
印佛學小冊子之類，作為流通。1918 年，盧家昌等人於西環屈
地街另創「極樂院」，提倡淨土法門。每日舉行誦經，週六又
設講經會，講者大多由居士擔當。

　　1920 年 6 月底，祇洹精舍出色弟子、佛教革命的
提倡者太虛大師，應庚申講經會之邀南下廣州弘法。8

月，法師應釋覺一、陸蓬仙、吳子芹之邀，在香港名園演講三日，太虛非常滿意此行，認為自己開啟了香港未有的講佛學風氣，成了佛法在香港肇興的徵象。

1920年年底，著名佛教居士、音樂家、教育家高鶴年訪港，過程收錄在他所著的〈屯門杯渡山遊訪記〉中，亦頗見當年香港佛教風貌：

民九冬，遊香港屯門杯渡山，即青山……廟名青山禪院，黎乙真先生與陳春亭、張純白諸君所倡修。

是時假院西里許空室一處，掩關百日度歲。時李柏農、潘達微、李公達諸先生來訪……次朝送客畢，仍回關房。出關後，性蓮、智妙、妙參、朝琳、願參諸友來，邀往大嶼山、觀音山等處一遊。

民十，陰曆正月二十日，乘小輪，一時許，入大嶼山。登岸即大嶼山麓，海中一島耳，英屬。有魚市。上山五里，有亭。左右靜室三五處，皆女子居，悉抱獨身主義。又上三里，松林陰森，秀滿半山，即徹悟居二靜室，鹿湖洞在焉，古純陽觀，有廣清禪師掛錫於此。再行十里昂平，即山巔。崇山峻嶺辟一陸，闊數頃，上有蓮池庵。左右百武普明庵，遠參、仁海（應為海仁——引者注）二法師，及性蓮老和尚出迎。皆舊友，歡喜無量。此地開念佛道場，約五六十眾……側有大茅篷，大雨師母子居。栴檀林，定修師居。

二十一日，由後谷茂林，參觀華亞閣。下坡乘輪抵港，往澳門三巴子（三巴仔——引者注）街，有功德林，乃張玉濤居士所創設，朝林上人領導。

復返杯渡山。與陳春亭居士至港，黎乙真居士來輪送行。

談及富貴學道難，貧窮布施難。純白居士說：「忍色離欲難，見好不求難。」潘君云：「有勢不用難。」黎公發心有年，於青山設道場，志在普渡眾生也。

乘輪到滬，轉寧波觀宗寺，介紹陳君，投諦閑老法師出家，取名顯奇，受三壇大戒。時陳君宿業發現，余代替之，諦老作記。

當時的香港居士，如黎乙真、陳春亭、張純白、李柏農、潘達微、李公達等等，與高鶴年之間積極互動。陳春亭更藉高鶴年的介紹，拜入近代天台中興之祖諦閑長老門下，出家為僧。可見當時滬港之間相隔雖遠，佛教居士間的交流卻非常密切。佛教居士與僧界亦無隔閡，高鶴年正是在僧人的邀請下，參訪了他們靜修的山林。當然，陳春亭、張純白並非一般佛教居士，而是來自越南南部的先天道東初派傳人。從先天道皈依佛教，由崇奉三教到獨尊如來，說明香港傳統宗教開始出現變化。

居士佛教與僧侶佛教的交融，相互促進，使佛教在香港華人社會上層，得到越來越多的認同與支持。特別是自 1920 年代初開始，香港首富何東的夫人張靜蓉（即張蓮覺居士）對佛教發展的積極推動，更加速了佛教地位的提高。陳瓊璀在〈香港佛教人物 ── 何張蓮覺居士〉一文中記載：

民國十一年（1922 年）香港諸善信禮請棲霞山若舜老和尚及竹林寺靄亭法師、煜華法師等來港建佛七法事。當時舉辦此等法會須向英政府申請准許，而港英政府則遲遲不發照准之

令，幸得何東與周壽臣同向政府力說，纔能如期舉行。此年十二月初八日，居士從若舜老和尚求受五戒，成為佛門正式優婆夷弟子。民國十二年二月（1923）在山頂何宅建佛七一星期後，若舜老和尚偕法眾回棲霞。居士自述於數月中親近諸大德，又邀若舜老和尚下榻何宅，得老和尚日夕啟誨，獲益殊多，於弘法事業更志力不懈。民國十三年（1924）清明掃墓後立志朝山，先禮普陀，在此兩建佛七，於洪筏禪院留寓四十多天。後至棲霞及竹林寺，皆建佛七。朝山三月後返港。

………

民國十四年（1925）為助棲霞山建寶殿及裝塑佛像。由居士帶領，連同香港李氏、關氏等眾居士，組織籌款佛事法會，於堅道連建水陸七堂，由竹林寺靄亭法師、煜華法師主持，功德圓滿。風氣所開，此後三年香港善信每年皆舉辦萬人緣水陸功德法會。至此，以居士學佛及遊歷多年，越具真知灼見，自述道：「余默察港地人士，於佛法信仰之心雖已粗具，而於佛之理論不免時多誤解，非廣事宣傳不足以端趣向而明大法，則諸經尚矣」。又以為佛法浩如淵海，從何探取。遂發起講經法會，於民國十四年（1925）七月至九月，禮請遠公（參）法師於西摩道何宅「紅屋」開講《法華》《佛頂》二經；隨喜來聽經者前後不下數萬。此講經法會風氣一開，後繼續發起者又有人在。

1927 年至 1928 年，港督金文泰政務之餘，在本地紳商邀請下兩遊青山，並造訪青山寺。紳商為誌念盛事，1929 年倡議興建牌坊紀念。金文泰為牌坊親題「香海名山」額，上款「青山寺」，下署「香港總督金文泰題」，

金文泰港督親題「香海名山」額

顯示金文泰以港督身份對青山寺的推崇。二十位倡建者署名最左側石柱，分別為：曹善允、梁士詒、盧頌舉、李佐臣、麥遂初、周壽臣、李右泉、周峻年、鄧志昂、劉景初、羅旭龢、馮平山、李亦梅、鄧肇堅、何華生、傅瑞憲、黃廣田、黃屏蓀、伍華、鄧照。除傅瑞憲為官員外，其餘皆為紳商。其中有華人廟宇委員會主要成員，如周壽臣、羅旭龢、李右泉、黃廣田、曹善允、鄧肇堅等，也有宗教團體領袖，如孔聖會的李亦梅、嗇色園的何華生等。港督對青山寺的態度，於這些與傳統宗教素有關係的紳商乃至社會大眾當然都會有所影響。

傳統宗教的分化和改組

隨着市區弘法活動的活躍，佛教的影響在香港華人精英階層不斷蔓延。1928 年《華人廟宇條例》的通過和實施，雖然使到以神靈崇拜為特點的華人傳統宗教變得邊緣化，卻又創造了重整華人傳統宗教格局的契機。例如，以三教合一為立足之本的嗇色園，內部持不同宗教傾向的部分弟子開始不滿足於和稀泥式的合一。1928 年秋，曾任嗇色園協理、萬善緣主任的黃筱煒（道名揮覺），以仙師乩示由道入佛，率同人另立哆哆佛學社。黃筱煒是知名港商，肆業於皇仁書院，又因工作關係，長期奔走海外，是個見多識廣的人物，在社會上和道眾中都有一定影響力，哆哆佛學社由是頗為知名。1929 年，金文泰夫人訪曾富花園，亦曾前往參觀。1930 年代，江山故人黃佩佳造訪哆哆佛學社，有簡介如下：

哆哆佛學社在南豐台，原址為曾富家塾……今貰於黃筱煒居士等組設哆哆佛學社，已七、八年於茲矣。內闢大殿，奉三寶佛，佛像高逾五尺，各置蓮花座，金碧輝煌，璀璨炫目。而殿內設備，雅潔絕倫，為新界禪林所僅見者。其隔有藏經室，佛經佛典，琳瓓滿目……該社同人多為港中知名之士，前奉赤松大仙，後得大仙乩示宜由道轉釋，先以《金剛經》、《大悲咒》作常課，並云彼乃哆哆婆娑訶菩薩，該社之名哆哆佛學社實基於此。

黃佩佳認為哆哆佛學社所奉三寶，「華麗莊嚴，兼而有之。新界各禪林中，惟觀音山紫竹林、杯渡山青山寺及大嶼山寶蓮寺所有者，足可與此比擬」。該社「禮佛之期，月必舉行二次，約在朔望之日，以近星期日為標準云」。有時亦會設會講經，據 1934 年 2 月 27 日香港《工商日報》載：

昨日哆哆佛學社，聘請觀本法師講經，其題目為〈人生與極樂〉。所引學說，繁博精詳，言簡而中，並將西方學者與佛教相同之點，闡解入微。是午雖有微雨，然到會團體，及臨時參加者，絡繹於道……是日除講解經理外，觀本法師並率其徒五六人，在哆哆佛學社，用念佛譜之五會新聲念佛。

曾富家塾在九龍城蒲崗村曾富花園內，位置距離竹園村嗇色園僅咫尺之遙。以有求必應馳名的嗇色園，因受制於《華人廟宇條例》，只能作為私人清修之所，日常門庭冷落。哆哆佛學社雖是私人佛堂，卻既有經常性活動，又時有經筵，故嗇色園亦有不少原屬本壇的道侶，

來往於兩園之間，完全不受影響。嗇色園以隱忍之態，做到分家而不分裂。黃筱煒依舊是大仙弟子，1948年，為應付華人廟宇委員會的又一次進逼，他與其他崇佛的社會賢達弟子，加入到嗇色園當年的管理層，出任協理。

1931年7月，在香港佛教講經會的基礎上，改組成立的香港佛學會，一度是香港居士佛教的重鎮。其主要發起人，包括劉德譜、高浩文、陳靜濤、吳麗村、鄧介石、梁集雲等人，大多為社會名流，不少與孔教甚有淵源。如劉德譜是香港油麻地小輪有限公司創辦人，父親劉鑄伯是香港孔聖會創辦人，他自己亦身兼孔聖會理事；高浩文是商業通濟公會會長，亦是孔聖會理事，曾報住址為中華聖教總會，可見與該團體關係亦深。他又是嗇色園重要創辦人之一，在《普濟壇同門錄》中列名第二，初創時曾連任三屆副司理。香港佛學會創辦後，他終於認定佛教為歸宿，不再動搖於儒、道之間，又出任佛學會總務部主任，實際操持有關會務。1933年他在大嶼山東涌地塘仔建菩提苑，作為梵修之所。之後更追隨名僧虛雲老和尚出家，法號寬文，為曲江烏石月華寺住持。戰後出任廣州六榕寺監院，直到1954年圓寂。

佛學會編纂部主任梁昨非於會屬機關刊物《香海佛化刊》撰〈與熱心孔教者談佛〉一文，以一個有四十年資歷的孔教教徒身份，比較佛教與孔教，認為佛教「其中妙理，與孔子之道，實互相符合，而又確高超乎孔子之上者」，貌似公開與孔教叫板，實際就是把千瘡百孔的儒家倫理與佛教的信仰主幹作嫁接。所謂妙理相同，梁昨非指出：

佛有五戒，儒有五常。夫仁無不愛，我佛則戒乎殺生；義乃事宜，我佛則戒乎偷盜；禮者體也，我佛戒乎邪淫；信者誠也，我佛則戒乎妄語；酒能亂性，飲之不智，我佛亦戒之。誠哉宋孝宗之言曰，佛之五戒，即儒之五常也。所謂互相符合者，此其一也。

佛主因果之說……《尚書》曰：「惠迪吉，從逆凶，為影響」；《易》曰：「積善之家，必有餘慶，積不善之家，必有餘殃」；《伊訓》曰：「作善降之百祥，作不善降之百殃」。是惠迪也、從逆也，因也；吉也、凶也，果也。積善、積不善，因也；餘慶、餘殃，果也。作善、作不善，因也；降祥、降殃，果也。是儒教亦有因果之說也。所謂互相符合者，此其二。

佛有輪迴之說……惟《中庸》曰：「物之終始」，不曰物之始終，而曰物之終始，是終而始、始而終，又復終而始。輪迴之理，已隱然可見。《易》曰：「精氣為物，遊魂為變」。曰為物、曰為變，是輪迴之理，更活現紙上，但不若釋典所言之明顯耳。是儒教亦有輪迴之說也。所謂互相符合者，此其三。

梁昨非從宗教角度指出，佛教關於終極的思考為孔教所缺乏：「為人之道，孔道雖詳盡無遺。然人生上壽，不過百年……前乎此生，來非由己，然來有所從來也。後乎此生，去不自主，然去必有所往也。曷因而來，往將何止，則孔道所不言也，而有待佛說焉。」世人往往因為佛教的終極思考而橫加指責。他為此自我檢討，並就終極追求與人間關懷展開討論：

曩者，僕偏於入世，故主觀之念太深，又泥於程朱門戶之見，亦曾犯口業，毀佛教為消極、為厭世、為迷信焉。今加以

推求，始知佛教乃積極而非消極者也，乃救世而非厭世者也，正信而非迷信者也。觀乎釋尊，無量劫來，難行能行，難忍能忍。弟子問佛曰，誰當下地獄。佛曰，余當下地獄。不惟下地獄，且常住地獄。不惟常住地獄，且莊嚴地獄。其積極之精神果何如乎？……我佛日以普度眾生成佛為本懷，其對於獨善厭世之二乘，則斥之曰焦芽敗種，不發大心。又曰，薄福少慧，不信作佛。由二乘而引之入大乘。蓋大乘乃超出世間而又適應世間者也。其救世之苦心，果何如乎？……佛乃宇宙萬物之究竟覺悟者。與佛有緣，吾人得由覺悟而發心信佛，乃覺悟上之正信。與世俗之拜神求福者，判若天淵。

正因為有終極追求的存在，佛教徒可以一種無我無執的態度處世，得到身心的真正安寧，又能給世間以大愛，而且「以報父母恩為本，諸經所論倫理學，均極精密」。梁昨非指出：

世之父母、夫婦、兄弟、姊妹、兒女、親屬，乃逆順二因所感現而已。順因之感遇也，則父母慈、夫婦順、兄弟和、姊妹睦、兒女孝，六親眷屬皆相恭敬。如是則互助互益，而天倫美滿焉。逆因之感遇則反是。但順因緣親屬相處易，逆因緣親屬相處難。苟能明乎佛法因果之律，逆順之緣，則於親屬中雖感現有不如意之境遇，亦能忍受，安然相處……類而推之，由一家而一國，以至全世界，苟能本我佛慈悲之心，泯貪嗔之想，則槍彈悉化蓮花，惡意轉為善念，所謂家齊國治，而天下平矣。

香港佛學會宗旨為「闡揚佛法，廣修善行」，具體

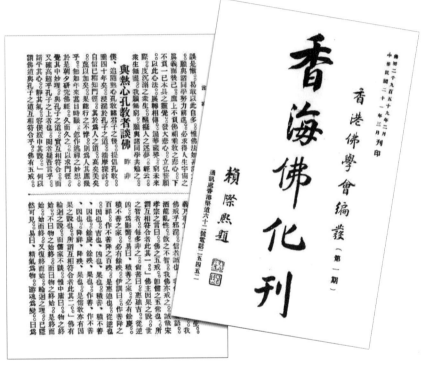

香港佛學會編發的《香海佛化刊》

就是覺悟人心，救世救民，不但重視佛學的研究和推廣，而且是有為而作的。經過該會同人對佛教的積極弘揚，結合時代需要的系統回應和深入詮釋，佛教的現代意義逐步確立，成為不少香港華人的心靈支柱。成立一周年時，著名居士岑學呂在代撰的〈佛學會徵求小啟〉中寫道：

心自競爭生存之說興，斯禮讓為國風破。物質文明其進，心靈桎梏而愈般。其初也，人類假利器以相爭；其終也，人類與利器而俱盡。含生有屬，胡惑彼一時蠻觸之爭？誰實為之，造成此萬劫沉淪之局？故欲挽回當來之浩劫，須先覺悟今日之人心。放下屠刀，大地本無殺戮；皈依我佛，諸天悉屬見聞。人人能生一念之慈悲，世世即獲無疆之福利。此佛法為救濟今日之良藥，亦即本會提倡佛學之宗旨也。

本會成立期年，深慚棉力，幸承緇素，共啟信心。聘法師以宣揚，辦義學以調育，編《香海佛化》之刊，贈鹿苑了義之經。餘如慈善事業，靡不踴躍贊裏。是亦入世即出之緣，盡度我及度人之願者矣。

華人傳統宗教的重心轉移

香港佛學會創立之後，影響不斷在華人精英階層擴大。到了 1932 年年底，擔任佛學會名譽會長和名譽會董的人，已經由原來的高僧大德，全部轉為華人社會高層。該會名譽會長包括：周壽臣、周葉悟壽、陳廉伯、何張蓮覺和李亦梅。周葉悟壽是爵紳周峻年的母親；陳

廉伯曾任廣州商團團長、東華醫院總理；李亦梅，太平紳士，曾任華商總會主席，是香港孔教的重要推手，參與創辦孔聖會，又是嗇色園弟子，哆哆佛學社社長，長期在三教間遊走。

香港佛學會的成立，標誌着香港佛教的獨立發展。在此之後，市區出現不少新晉居士佛教團體，包括香海蓮社（1933）、東蓮覺苑（1933）、香海菩提場（1933）、藏密院（1934）等等。而香海菩提場為覺一法師、海仁法師、葦菴法師與多位大居士所共同組織。在九龍和新界，也有不少道場相繼成立。1935 年 5 月 10 日至 12 日，香港《工商日報》為配合佛誕，對香港的佛教機關、九龍及新界各地禪林風光以〈浴佛節佛湯飲遍萬千人〉為題作了調查報導。其中所說的佛教機關，除剛才提到過的新晉佛教團體和哆哆佛學社，還包括了由黎乙真居士創辦的銅鑼灣大坑真言宗居士林（1926）。至於九龍及新界各地禪林，如下：

（九龍）嗇色園黃仙祠。是研究的，不過他們對於諸天神佛的誕，都有舉行慶賀，所以特別列入本篇之內了……其他方面，牛池灣有金霞精舍、萬佛堂；慈雲山麓有翠林洞；嗇色園左便有覺蔭園；九龍城附近有金光園等……

（沙田）沙田的禪林是很有名的，「西林」人們都知道了……沙田車站對面山上有紫霞洞，不過他們是奉先天教的。附近山上，還有婦女修行之所的普靈洞。

（粉嶺）粉嶺有藏霞精舍，有許多女兒們在裏面長齋繡佛的。山上有蓬瀛仙館，性質和嗇色園相似，所以也就列入本篇

之內。

（荃灣）荃灣的禪林也很多，像竹林禪院、棲霞別墅、普光園、鹿野苑等。

（杯渡山）杯渡山是香海名山，除了那間青山禪院之外，附近還有很多。屈指一算，已有九處，像圓覺庵、覺塵別院、梁園、永春園、佛緣精舍、覺瑞林、長明精舍、安養靜室、清涼法院等。

（大嶼山）大嶼山地方最大，禪林最多。由大澳起行，首先見到龍巖寺。第二是堂皇宏大之靈隱寺。上到鹿湖附近，有紫竹林、悟真。鹿湖地方有蓮花蓬、隱澈、華嚴、覺廬、慧蓮、寶華禪、妙華禪、智積林、悟澈、薝蔔林、祥如、隱塵、浮塵、淨如等靜室，及純陽仙院、法雨寺等。對面薑山，有蓬瀛古洞。上到「昂平」地段，更大觀了。惟一古剎的寶蓮禪寺，是和青山的青山寺一樣規模偉大的。還有許多靜室，像阿彌陀佛林、觀自在、普明禪院、溪雲覺道林、靜悟林、法華禪院、蓮池、淨行堂、淨業、祇陀林、聯善，和許多沒有題名的。由昂平右轉而下，有南山的青竹園；左轉往「地塘仔」地段，又有竹園華嚴閣、法林、蓮華台、雲巖、多羅林、迴瀾小築等多間。一直落到東涌，又有南華院淨業林等等。全大嶼山五六處禪林，共計寺院靜室凡百餘間，真算得蔚然大觀了。

這篇報導除了反映 1930 年代香港佛教的興盛實況，文中記者表示自己對於佛學還是個門外漢，故表達的反而是當時一般市民的認識。首先是將佛教團體分成「佛教機關」和「禪林」兩類。所述佛教機關，除哆哆佛學社之外，全部都是在市區的、主要是由社會賢達組織和

1933 年創辦的東蓮覺苑

領導的居士道場。以「機關」名之，顯見當時被認為是佛教的代表所在。嗇色園與哆哆佛學社近在咫尺，嗇色園因為《華人廟宇條例》所限，閉門待時，被視為禪林；哆哆佛學社則受到社會承認，自由弘法，被視為佛教機關，由此可見條例執行的彈性。其次應該看到，文章雖以調查佛教機關和九龍、新界禪林為名，記者其實對三教和佛、道仍然搞不清楚，故其中的禪林包括了嗇色園、蓬瀛仙館等主奉道教神靈的道觀，亦有如金霞精舍、萬佛堂、翠林洞、紫霞洞、普賢洞、藏霞精舍等等的先天道道堂。其三，值得注意的是，記者以是否慶祝佛誕作為禪林的標準，亦即是說凡莊嚴隆重慶祝佛誕者皆是。對比前引 1926 年 2 月 2 日《香港華字日報》載滌紅的〈新界道院〉一文，以「道院」通稱佛、道或三教道場，相隔只有十年不到。市民大眾換以「佛堂」通稱佛、道或三教道場，已為期不遠矣。

香港道教的獨立開展

1920 年代至 1930 年代，是香港華人傳統文化發展具有轉折意義的一段時期。1928 年通過實施的《華人廟宇條例》，重整了港地華人傳統宗教的基本格局。恰在此時，內地由居士佛教啟動的佛教復興進入成熟，救世、救心雙管齊下，慈善、教育共同開展，成為佛教徒的共同追求。風潮吹至香港，引來大批熱心社會事務的華人精英關注，並着力推動香港佛教的發展，以完成孔教被去宗教化後所造成的華人傳統宗教的重心轉移。在此過

程中，嗇色園黃大仙祠的一些對應性舉措頗堪玩味。1930 年，面對《華人廟宇條例》實施帶來的問題和黃筱煒等率幾位同人分出另立哆哆佛學社的沉重壓力，嗇色園處於內外交困的境地。

　　正當各人力圖挽救方法之際，仙師命眾弟子於「盂香亭」原址空地上，豎立大杉一枝，上縛紅燈，每逢朔望日，由當年總理，帶領一眾弟子，每次繞柱三十六轉，口中隨念大悲神咒，直至建亭為止。

　　三年之後，師命建亭，供奉燃燈聖佛，並命名為「盂香亭」。仙師曰：此地屬火，火性剽悍，容易惹起爭端，故借聖佛之水，以濟烈火，使水火相濟，眾弟子自能相安矣。

　　同年十一月……玉帝遣使者臨壇，賜封為「清靈寶洞」。並曰：日後自有名人代書。數年之後，佛祖臨壇，果代降筆，並命刻於照壁之上。本來寶洞乃道教稱號，而由佛祖降書，確實罕見。[2]

　　嗇色園奉乩命，逢朔望之日由當年總理率弟子繞柱行法，似純屬儀式，惟朔望正值哆哆佛學社禮佛之期，不難看出其中頡頏之意。三年之後，諸事底定。嗇色園建盂香亭，奉燃燈聖佛，是繼黃大仙師、孔聖先師後，第三位被奉祀入園的神靈，亦完成當年仙師以三教合一為基礎之乩示。燃燈聖佛是三世佛中過去佛之一，曾為現在佛的釋迦授記，被認作是如來的老師。這座香港惟一的主奉燃燈佛的殿宇，即用以標誌嗇色園在香港華人傳統信仰中的特殊性。玉帝是民間信仰中神靈的至尊，佛祖則是佛教始祖，故其由玉帝賜封、佛祖乩題清靈寶

民國廿二年癸酉孟夏序

仙師孔子釋迦現十七傳法派楊善業等

師批准慈憫堂中

仙師孔聖釋迦現十七傳法派沈法度者則

善園五育之正念全律而不能方圓之成道規非為善法沈法度者則

以範心率程真妙四導軌道欣樹承久之基誠可學中正之法沈此

我嗇色園行立規則府而本之公我嗇色園仰體

垂松黃仙師好善念永矢其善之事雖善化廣行已具善法之妙而善人為政

堂積善緣之功啟闡善刋持夏為榮膺非善之名性善常稱善子

積厚流善之師並列故善善桐承佛錄久遠無負

仙師善南之藏

（一）
本園以扶闡揚儒釋道三教之理性道旨並增設贈醫施藥四期
勸善善河為宗旨

水信善賢善創之志誠賢善作演道善人之念視之善之法體
有規傅必左軌酒道守無違

（二）
本園將收錄同人不狗士農工商韜以孝弟忠信禮義廉恥五法修身
為本佛倫常有辭品格不端及習旁門左道者概不收錄

（三）
凡入本園同人老酒要同人二名傔荐並有善道守本園規則反視
華填具志愿書予本園查照孫右一月備書誥安合即函知方紹人善其

洞一名之事，進一步顯示嗇色園乃地位尊崇的道教洞天。值得注意的是，嗇色園對於變局的應對，均通過扶乩指示，按道教方式思考與行事，說明在華人傳統宗教重心轉移的過程中，並沒有出現全面佛教化的現象。反之，是使到其他傳統宗教對本身具有的宗教傳統更為自覺，並據此吸收佛教復興的經驗獨立發展。1933 年，仙師乩示〈黃大仙嗇色園規則〉十七條。第一條：「本園以提倡闡揚儒釋道三教之理性道學，並增設贈醫施藥，以期勸善普濟為宗旨。」在三教合一的原則、普濟勸善的宗旨之中，強調「理性道學」，從而與坊間一般廟宇和迷信活動作出分割。這與佛教復興過程中首先強調佛學，以理服人的經驗，顯然是一致的。

註釋

1　胡翼南：〈梧桐山二集詩序〉，梧桐山人輯本：《道脈總源流正本》（民國甲子〔1924〕廣州文在茲印，香港：桃源洞，1982 年重印），頁 48。

2　梁本澤：《金華風貌》卷三，嗇色園藏。

08

黄大仙信俗的
落地生根及弘揚

香港原屬新安縣治，是中國沿海的邊鄙之地，開埠前的發展，也沒有超越中國的大歷史框架。在此地的民間信俗，也一直遵從着傳統，由各處鄉村居民默默地承傳着，有些甚至還延續至今。第一次鴉片戰爭的失敗，開啟了中國波瀾壯闊的近代革命史的進程，深刻地改變了中國傳統治亂興亡的歷史宿命，也切開了這濱海小島與內地的政治聯繫。在日不落國的殖民旗幟下，香港成了自外於中國接連不斷的動蕩局勢的安全地帶，大量的人口、充足的資金，源源不絕而至。因種種理由在內地被治理、批判、打擊的人物和傳統文化，不少也逐步轉移至這小島，慢慢生根發展。

英國人最初雖然只是把香港視作進入中國內地的跳板，但為了鞏固其統治，除了建立起一套行之有效的法律體系和社會管理體制，文化上也帶來了西方的理性主義精神和基督宗教。這使到香港的文化土壤變得極為豐腴，也使到落戶於此、在內地被邊緣化的一些所謂「封建」、「落後」的傳統文化，有了更新發展的機會，甚至長成參天的巨樹，變成現代華人社會重要的價值所在。其發展過程為我們點明，在急於推進社會發展，講求「畢其功於一役」的國度裏，對於來自舊時代的傳統文化，除了批判揚棄的手段，其實也可以有寬容和改造的態度。這樣不但不會令文化發展出現斷層，造成傳統倫理文化無所着落，甚至更可以發揮出傳統的核心價值，使之活化成現代社會不可或缺的組成部分。

黃初平仙師，世人尊為黃大仙，今天已成為香港人的代表性信仰之一，嗇色園黃大仙祠一年四季都保持着

鼎盛的香火。據該園的統計，現時每天有超過一萬人入園。香港其他奉祀黃大仙的道場，如深水埗的願誠園、呈祥道的元清閣和旺角的華松仙館等，亦各有不少的信眾。另外，全港設像供奉黃大仙師的廟宇不少，見於香港華人廟宇委員會的註冊廟宇有：港島南區的譚公爺廟和香港仔天后廟；港島東區的筲箕灣譚公廟和天后廟；新界葵青區的天后廟和關帝廟等。另鄉間廟宇中供奉黃大仙師者亦十分常見，可謂無遠弗屆，如大嶼山梅窩的天后廟。從地區性的扶乩崇拜，發展成具有一定國際性的華人慈善信俗，香港黃大仙信俗適時應化的過程，也許正是這個地方對中國傳統信仰富融匯力的上佳例證。

承與傳：時代與普濟勸善

香港黃大仙信俗溯源於浙江金華，承傳自嶺南地區，是傳統中國信俗文化中的一支。其在近代的產生、發展及輾轉來港，實在也離不開內地當局對傳統信仰的排斥態度和動盪的社會狀況。1897 年，黃大仙師垂乩於廣東番禺菱塘菩山大嶺村，由此揭開了黃大仙信俗在嶺南發展的新頁。現存嗇色園的早期乩文集《驚迷夢》，記載了仙師臨凡救世的理由：

閔世道之紊亂，憂神州之陸沉。駕鶴來遊，詳降乩語，廣勸群生，勉為善士。悲酣睡之未熟，乃大聲疾呼，欲以拯陷溺之人心，救羸瘵於將死。諄切誥誡，莫匪善言。倘能將此說，體而行之，清夜捫心，回頭未晚。可以保身，可以保

家，可以保國。

時當末世，禮崩樂壞，欲挽回局面，根本在於重建人的善良本性，黃大仙信俗遂以普濟勸善為宗旨。其中的勸善，其實有着深刻的時代內容，並不單純只是對中國傳統道德倫理的保守。勸善必先普濟，要人心歸善不離善心待人。黃大仙信俗首壇所以定名「普濟壇」，正是這層意思。《驚迷夢》也錄載了創壇乩詩：「普救群生理本然，濟人危急是神仙。壇開亦為行方便，臺畔諸生志貴堅。」強調幫助別人合符事理的根本，扶危濟困有助成為神仙，呼籲弟子廣開方便，行善以恆。

行善應該是對人格本身的要求，人自然亦可通過行善完善自己的人格，從這個角度看，普濟與勸善本就是一體的兩面。人格的完善既源於實在的根基，實即為人構築了一道通向永恆的道路。晉朝高道葛洪在《抱朴子·內篇》說得更為直接：「積善事未滿，雖服仙藥，亦無益也。若不服仙藥，並行好事，雖未便得仙，亦可無卒死之禍矣。」更提出「人欲地仙，當立三百善；欲天仙，立千二百善」，積極推動信徒行善立功。

清末時期普濟壇確立的普濟勸善宗旨，顯然是與時代的需要、中國的宗教傳統互相呼應，具有頑強的生命力。雖然由於局勢的風起雲湧，對於所謂封建傳統亦出現不少撻伐之聲，但黃大仙信俗依然在民間迅速傳播。普濟壇於 1899 年由大嶺村遷至廣州花埭，並成立黃仙祠，進入發展的高峰期，乩靈藥驗，遠近知名，惟最終抵不過革命洪流，隨着 1913 年黃仙祠被沒收而結束。繼

番禺菩山大嶺村。今日流行海內外的香港黃大仙信俗，正是起源於清末村中文人的一次扶鸞遣興。

之而興的是 1901 年創建於南海西樵稔岡的普慶壇。普慶壇由梁仁庵等道長創辦，梁氏是菩山時期經已入道的首批弟子之一，其辦道宗旨也是對普濟壇的繼承。源於普慶壇的一部早期版本《黃大仙寶懺》中有〈五字真經〉寫道：

> 寶鏡人心樂，日月照萬年。開山廣勸善，叱石大羅仙。蓮花山始下，菩嶺普濟前。花間添稔地，招集眾群賢。當人最要善，行為切勿偏。

經文清楚地簡述了黃大仙信俗的流傳過程，點明稔地出自花間，強調兩壇的承傳關係，更重要的是申明行善為當仁不讓之要務，所有行為舉措均不能偏離這一宗旨。由於僻處鄉間，普慶壇不致受到時代風雨的直接侵襲，但卻難以避免受到地方豪強和土匪的騷擾，梁仁庵後來所以選擇把黃大仙信俗香火帶到香港，據說亦出於此。而且稔岡畢竟難與距省城廣州只有咫尺之遙的花埭相比，特別是 1921 年梁仁庵羽化，失去了重要的宗教領袖，其發展更受局限。雖然如此，憑藉對普濟勸善宗旨的堅持，普慶壇依舊迄立，至上世紀五十年代末六十年代初方正式結束。

適應與轉化：由內地至香港

黃大仙信俗之傳入香港，最早可追溯至 1901 年，承傳於廣州花埭。時有紳商名陳天申，在 10 月 8 日《香港華字日報》刊出告白，向信眾呼籲助建廟宇。告白中開

列該廟將奉祀的神祇名錄，中有「黃大仙佛爺：由省花地請令來」句。數月後的 1902 年 1 月 29 日，陳天申又在《香港華字日報》刊出〈太平山新孖廟進伙〉告白，對外宣告：

> 茲者：本廟的於（農曆——引者注）十二月廿三日朝早七點鐘辰時進伙，恭請列位神聖　陞座。凡各善男信女，依期誠心到來參拜，則獲福無疆矣。廟內黃大仙有靈驗藥方，凡大小男婦科、眼科、外科，誠必求應。如有求者，祈向廟內司祝人取籤筒，祈禱自然應驗。惟眼科一款，先祈三杯，如有一勝杯者則賜靈丹；若無勝杯者，要待來日虔誠再求，便得靈丹矣。廟內　曹大仙降乩，凡事求之無不應驗也。　本廟有黃大仙聖茶，每包一仙，僅取回藥資，利便於人而已。

新孖廟不是專奉黃大仙的廟宇，除黃大仙外，尚奉有包相、天后、侯王、綏靖伯、陳思王曹植等神靈。其告白卻以黃大仙驗方和聖茶，作為主要的宣傳標的，而驗方分為男、婦、幼、眼和外科五種，與今本黃大仙藥籤同。除顯示當時黃大仙建廟者對黃大仙的崇奉，也表明此地的黃大仙確自著名的廣州花埭黃仙祠請來。

創廟人陳天申，其姓名不見於《普濟壇同門錄》這本仙師早期弟子名冊，其與仙師結緣，相信是在普濟壇遷至花埭之後。有關陳天申（1849-1925）其人，在《台山縣華僑志》有載：

> 陳天申，又名錫鴻，字樹芬，別號慶堂……生於台山斗山六村槎洲村。生逢亂世，家境蕭條，端賴家庭教育以成長……

稍長，陳天申目睹強鄰欺壓，國事廢弛，民生凋零，呼寒號飢，比比皆是，乃決心遠涉重洋，以求騰達，造福民生，立業興邦。

陳天申在美國生活三十年，成為具有影響力的人物。據劉伯驥所著《美國華僑史》載：「……一八八〇年間，舊金山市華人最著名的賭商，有新寧陳天申，不只操縱華埠賭業，即加州各地的賭館，亦引為有力的領袖，華人以賭業為生者多推崇之。」《台山縣華僑志》又載，陳天申回國後致力慈善事業：

……發動海外鄉親於廣海城創建「樂善堂」，贈醫施藥，設「大德堂」，收殮無靠屍骸，築「義墳」數處（大浦、粉嶺、上川三洲、廣海），收葬野骨，立「育嬰堂」以收養被棄女嬰。並於香港、廣海兩地購置鋪業，收租以作兩堂日常經費，委託地方之善者仁翁代為主持。他深念自幼卒學苦，乃聘賢師興學堂以育人才。陳公之名，當時在廣海、斗山兩地，婦孺皆曉，其樂善之德廣為流傳。

他不管從廣海或三埠回鄉，沿途見有老弱或貧而丐者，均慷慨資贈。修橋築路，建築廟宇，不管家鄉或港澳，必捐款以成美舉。

陳公晚年結束在美生意，回港寓居，盡量辦慈善事業。在廣州城西之方便醫院、香港之東華醫院每年捐款者中，陳公必居首位。

陳天申久居美國，以賭營生，自然深明異鄉人所以沉迷賭博，實為心靈孤寂所苦。香港本就是一個新興的

太平山街新孖廟，是香港
最早崇奉黃大仙師的廟宇。

澳門三巴門街黃曹二仙
廟，供奉黃初平及曹植兩
位大仙。

移民城市，早期居民主要來自廣東省各地。新孖廟除奉本地著名神祇，又自各處請來靈神，有源於省城，亦有來自肇慶，更有請自其家鄉台山者，也許目的正是用鄉誼招徠他們客居於本地的信奉者，作其心靈依靠。創設新孖廟後，1905 年陳天申等又在今天被稱為「民間廟宇博物館」的澳門三巴門街創建黃曹二仙廟，進一步推崇黃大仙信俗。

黃曹二仙廟至今仍存，但箇中由來當地人已難以說清，新孖廟更早已是風流雲散，只能在史料中鈎沉。陳天申雖為成功商人，但獨力經營廟宇，恐怕並不容易，才有在建廟期間打廣告呼籲公眾支持之舉，以求善與人同。建成後廟務或有開展，規模卻不會太大，經濟依然主要由陳天申支撐。陳氏晚年全力推動慈善，對他本人而言，大概亦有一層追求自我精神救贖的意思。他的後人卻不一定如他一般的想法。當他於 1925 年逝世，也許就已經注定了新孖廟等的最終沒落。

真正使黃大仙信俗在港生根的，要數 1915 年梁仁庵、梁鈞轉父子因避匪禍奉仙師寶像來港，於灣仔開設的福慶堂藥店和稍後創立的金華別洞。特別在 1921 年 8 月，兩人與同門於九龍城創設私人清修道場嗇色園赤松仙館，更是為今天黃大仙信俗的弘傳奠下堅實的基礎。事實上嗇色園的發展也並非一帆風順。創辦不過十餘日，主要創辦人、領導者梁仁庵便仙逝；1922 年的一場風災，更把初期因簡就陋的建築物，悉數毀壞。早期道眾多為殷商，生活無憂，所以願意繼續艱苦經營者，相信是基於對出自乩筆之嗇色園發展策略與願景的認同。

乩文於 1921 年 2 月 25 日（辛酉元月十八）在金華別洞
乩出，時道眾仍未覓地建祠，嗇色園一名亦尚待乩出。

　　吾奉玉勅，普濟勸善……特派傳道到港……擬以三教合
一而申明其宗。彼道一風，無爾我之分畛域，方能成大同世
界；世界大同，自然無障無礙，復古返今，災異消除，救民衛
國，須如此方能合道……

　　……先要建祠宇，後隨開辦各善舉，方能昭人信仰。若
徒然租小地方而開辦善舉，必不能昭信而易招風，所謂因地制
宜……有慧善方能招置善人……道釋儒三教明宗，華夷異均
能在此修同一族……

　　……地甚相宜，福極厚矣。天開地闢，留以待時。創辦善
事，以此為基。名傳中外，感化華夷。一勞永逸，史傳稱奇。
此舉由如平地立為山，有力之人擔多擔，無力亦勿畏艱難，免
教中蹷虧一簣。

　　乩文首先為將來的道團確立須以三教合一推行普濟
勸善宗旨的基本方針，以及用寬容化解界限，以大同跨
越障礙，接續傳統，消災去異，救民衛國的基本方向；
在發展策略方面，則明示必先建具一定規模的祠宇，隨
之開展各善舉的因地制宜之策，由此達到以慧善招置善
人，同修三教，通達華夷異的願景。為此仙師指出，此
因地制宜而成的祠宇，將是道團一切善業的根基，而且
假以時日，終必名傳中外，所以勉勵道眾，有力者多出
力，無力者亦莫畏艱難，應以平地立山之氣魄，奮力
而為。

　　宋明以降，三教合一已成為中國文化史的重要潮

初創期的嗇色園，不過是田莊茅舍而已。

流，乩文把所合的這個「一」釋為普濟勸善，並認為應以此為基礎，放寬界限，不分畛域，追求世界大同，從而把普濟勸善提昇至前所未有的高度。在這樣一個總方針的指引下，道團必然需要有更大的格局要求，這就是乩文中所說的因地制宜的「宜」。對比新孖廟是設在中上環鬧市中的公開廟宇，此時嗇色園僅是設於市郊的私人清修道場，地點無疑是偏僻了一點，可是佔地較大，作為廣行善業的基礎，將來發揮的空間也更為裕如；新孖廟着眼於居港謀生的省內移民，嗇色園則據港地華洋混處的文化特色，強調接續傳統，放眼世界，足見兩者在格局上的巨大差別。

雖然有明確方針和恢宏的格局，實行起來卻並不容易。創辦初期的接連打擊，不能不影響嗇色園黃大仙祠的發展步伐。直到 1924 年，方才對貧病者開辦贈醫施藥服務。當年 7 月 17 日，嗇色園在《香港華字日報》刊出廣告如下：

> 本園同人創設醫所於九龍城外西貢道十四號門牌，茲定六月十九日（公曆 7 月 20 日 —— 引者注）開始贈醫施藥。此乃同人等合力籌辦，不設沿門勸捐。所有一切貨物均係現銀支結。特此布告。

贈醫施藥，是嶺南黃大仙信俗中一個傳統普濟項目，大嶺、花埭、稔岡各壇都曾不同程度開辦過。嗇色園是贈醫兼施藥，信眾除可求取籤方，然後往醫所取藥，亦可在醫所經中醫診治開方取藥。廣告中強調醫所由同人合辦，不設沿門勸捐，是考慮到有人趁機冒認

行騙，至於貨物以現銀支結，應是因醫所屬初辦，尚未建立信譽，不得已的做法。不過這實際上卻為自己製造了經濟難題，使善舉難以為繼。即使園中道侶不乏從商者，但長貧難顧，因應現實需要，嗇色園仍不免改變初衷。據鄭寶鴻在雜誌《旅行家》所撰〈十九世紀末期以來的廟宇摘錄〉中的調查，到了 1926 年 6 月，九龍嗇色園黃仙祠贈醫施藥局（即原來的醫所）在報章刊登廣告，呼籲捐輸及鳴謝捐款的善信。廣告中有詩一首：

> 九龍嗇色園，創自辛酉年。名為赤松祠，三教聚本源。普濟為懷念，勸善亦為先。此是偏僻地，貧病苦纏綿。心田時廣種，謹遵師訓言。贈醫兼施藥，仰賴善信捐。今將熱誠者，聊登告白前。

詩中明確說明，贈醫施藥須依賴善信的捐輸。嗇色園之前雖未有沿門募捐，然而道侶向友好私下籌款看來還是有的，惟以當時嗇色園赤松仙館一間名不見經傳的清修道場，尚難取人於信，效果應不是很好。1925 年，嗇色園奉呂祖乩賜，「赤松仙館」易名為「赤松黃仙祠」，將嗇色園與廣州花埭和西樵稔崗靈名甚著的黃大仙師清晰地聯繫起來，加深善信對該園的了解。當時園中管理層，更決定將曾捐資助藥的善信大名登報，利用傳媒的公信力和影響力，使捐資者確實知道善款的流向和共享行善的光榮，從而實際上使到嗇色園黃大仙祠成為信徒應受仙師感召，奉行普濟勸善的共同平台。支出此招的是何華生，時入道嗇色園僅數月。他是瑞昌西藥行創辦人，精力過人，長袖善舞，為嗇色園的發展，出力出

1927 年 7 月 25 日，報章刊出嗇
色園繼續開辦藥局的報導。

繼續辦理
嗇色園醫院

九龍嗇色園醫院，開辦多年，近因經濟拮据，幾於停辦，乃另選總理何華生、協理梁子彬、出而維持，經由何等勸捐數千元、始能繼續辦理，查該醫院僻處九龍，該處貧病之人不少、今所聘之中醫劉昭亭先生、係數代名醫，所診各病，均多得手，茲當炎夏之時，日診六七十病，贈醫兼施藥、近地貧民頗稱方便云、

錢，甚為積極。仙師亦期待甚殷，於他入道時賜乩云：
「⋯⋯指點萬靈丹一服，普濟眾生善為倡。根基將來得
鞏固，八角名留善表揚。」1927 年 7 月 25 日，香港《工
商日報》發表題為〈繼續辦理嗇色園醫院〉消息一則。
此消息同見於當日《香港華字日報》，文字亦大致相同，
相信源自嗇色園發出的通稿：

　　九龍嗇色園醫院，開辦多年，近因經濟拮据，幾於停辦。
乃另選總理何華生、協理梁子彬，出而維持，經由何等勸捐數
千元，始能繼續辦理。查該醫院僻處九龍，該處貧病之人不
少。今所聘之中醫劉昭亭先生，係數代名醫，所診各病，均多
得手。茲當炎夏之時，日診六七十病，贈醫兼施藥，近地貧民
頗稱方便云。

堅持多年贈醫施藥的服務後，嗇色園終於在九龍城紮下深根，不但受到本地居民的支持，影響亦逐漸擴展。1928 年 7 月 13 日，香港《工商日報》刊出題為〈嗇色園贈醫施藥近狀〉消息：

> 九龍嗇色園，設有贈醫施藥局一所，在九龍一號差館對面。近數月來，日診八九十症。醫師關某甚為細心，故病者多瘳，即港中亦有到診者。所用藥費、診金不收受，該處一帶平民，莫不感頌云。

居民由稱讚方便而開始感頌，求診者更有遠自港島的來客。普濟勸善宗旨的實踐，黃大仙師其應如響，感無不通，遠近知名，時距嗇色園創立只有七年。然而就在這一年的四月，港府實施《華人廟宇條例》，對港地華人廟宇進行治理和管制，要求所有廟宇必須登記註冊，由華人廟宇委員會甄別，確定續辦、接收或處理。時同為華人廟宇值理（華人廟宇委員會委員）的團防局紳李右泉和華人代表羅旭龢在 1928 年 6 月尾接受香港《工商日報》訪問，指出：

> 李君云……此例既已頒行，凡有司廟宇之責者，第一級須迅往註冊，註冊後，華人廟宇值理調查明白，或令其取消，或准其保留，此則完全看其是良抑莠而決之云云。訪員旋再往見羅旭和博士。據謂此華人廟宇則例，已於陽曆四月廿七號通過頒行……如非全間屋建築為廟宇者，值理可以有權給人情與之開設，然有權隨時將之取消。此例之所以立，無非為防範歹人藉借宗教或神佛為名，勒索棍騙，但華人習俗上對於祈禱，亦

不能全免。華人值理亦只有調查清楚，秉公辦理而已。

條例生效後，華民政務司署派出華探四出調查各寺觀庵堂廟宇，發出傳票限期註冊。一時沙塵滾滾，風聲鶴唳，人心惶惶。1928 年 11 月 26 日香港《工商日報》甚至傳出取締黃大仙廟的消息：

自華民署宣佈凡公眾廟宇，均須註冊後。本港各廟宇，多已遵例註冊，惟一般私人設立，或藉神斂財之廟宇，均為華民署取締。查九龍黃大仙廟、必烈啫士街之財神廟、灣仔之赤腳大仙廟等，近日為華民署所取締云。

所謂的"取締"最終沒有實行，然而嗇色園雖然正值全力發展的時機，但礙於形勢，只能歸類為私人清修園林，不作廟宇登記，以保障自主，留以待時。至於贈醫施藥則一直堅持，越來越多市民身受仙師慈護，卻無法拜謝於壇前，崇敬之心與神秘之感，為黃大仙信俗交織出越來越廣泛的信眾網絡。1941 年 12 月日軍大舉空襲啟德機場，九龍城一帶頓成火海，附近居民爭相往嗇色園託庇於黃大仙師，顯見仙師威靈早已深入民心。日佔時期，嗇色園不但為遭日軍轟炸喪命的同胞收殮，更在經濟極為困難時仍續施普濟，開放黃大仙祠方便居民求取藥籤，憑方施藥。其間傳出日軍數度入園騷擾，不但無功而返，而且落得灰頭土臉地逃去的故事，在在都投射出香港市民內心對仙師的虔信和期望。黃大仙信俗成長為香港重要傳統信俗的條件經已具備。

制衡與引導：港府的落墨

　　自從通過實施《華人廟宇條例》，港府直到 1937 年日軍大舉侵華前，對傳統信仰的管理，基本實行高壓辦法，限令廟宇登記、強制接收廟產、打擊私設廟宇等等。然而當面對因逃避戰火而來的急速增長人口，港府很快就意識到傳統信仰之於這些流亡者其實是心靈的依靠，不得不放輕執法力度，使廟宇適度增加。1940 年 10 月 23 日，香港《大公報》報導：

　　本港自當局宣布已進入非常時期狀態，頒布種種非常時期法例，及進行種種戰時準備以來……有人利用迷信甚篤者之心理，在一切山谷曠野，建築小寺宇，因港地廟宇不過三四所，不數應用。據悉設立以來，「關帝」、「孔明」甚至「曹公」等廟，無不遍山皆是。即與市區在邇之銅鑼灣砲壘道對開小崗，亦有該項廟宇一所，已在營業中，另一所則在蓋搭中。聞此類新興廟宇，進廟捧香，祈福祈壽祈平安者之眾，日無間斷……

　　日本投降後，隨之而來的國共內戰，又一次令香港人口大幅增加。港府已不再視《華人廟宇條例》為對付華人傳統宗教和信仰的不二法門，而是根據香港實際情況和發展需要，探取較為多元的手段。如沿用日佔時期的宗教管理辦法，於 1945 年批准成立香港佛教聯合會，1960 年代批准成立香港道教聯合會，推動傳統宗教界的組織和管理。

　　戰後初期，嗇色園延續日佔時期的開放做法，黃大仙信俗獲得較大發展，這一方面是承續在日佔時期所

形成的定勢，另一方面則是來自嗇色園所在地區出現的改變。原來的城鄉接合部，為適應人口增加，由上世紀五六十年代的寮屋集中地，到了六七十年代，則成了公共屋邨林立的鬧市。仙師信徒不絕增加，嗇色園香火日盛，成為當時華人傳統信仰發展的一個突出現象。據嗇色園所藏的《本壇以往各事登記部》記錄，1947 年，港府提醒嗇色園，「……光復後，未見申請註冊，宜從速辦理；如申請具有理由，則聽由本園自辦。一切遵示辦理。」顯見港府並未因嗇色園可能牴觸《華人廟宇條例》而馬上出手治理，反而是希望園方提出辦法，妥善解決。不過，當時百廢待興，並非是蘊釀出一個情理法面面俱到的方案的合適時機，較為簡單直接的，就是於1948 年又開始延續戰前的辦法，強謂該園屬私人清修園林，再度實行閉園，只在正月間，稍開方便之門，容許各界參拜。雖然如此，嗇色園並沒有放棄服務社區，由此善緣廣結。1950 年 1 月 11 日，九龍城木屋區大火，災民高達一萬五千人。1 月 17 日香港《華僑日報》載：「九龍城嗇色園，每日早晚在砦城之古炮前施飯……因區內災民多向有認識，故領飯者無須憑若干證件。」附近居民對仙師「有求必應」的靈應，自更有所感。

很自然地，再度閉園決定的最直接結果，就是為日後香港黃大仙信俗增添上新春搶頭炷香的內容，幫助附近形成穩定的參神經濟，並無礙於嗇色園的繼續發展。1950 年 3 月 13 日（農曆庚寅年正月廿五）《華僑日報》就新春期間嗇色園園門外情況作出報導：

九龍城黃大仙廟
關閉園門謝絕遊客
不願清淨之地化為擠擁之場
一般婦女改在廟旁田野參拜

（據廢址在）九龍城黃大仙廟（嗇色園），園中人本有不少皈依佛教者，以其往參拜，尤以往歲元月期內為甚，遊客如鯽，以是體城郊遊勝地，遊賞貧富之輩雲集，燭小販，排列成行，洽淪金融益立，由是神人士日眾，對場所人士修築影響莫大，談園負人，過去曾立一石閉園前，自作作主又，旬日而來，解榮燭燭攤位，上開參拜列具香燭，婦女，榮于前日目前列開一香燭攤，解榮香燭攤位，一帶面容，右另一片街坡前列具香燭，簡但經營仍須勞費，出從前遊客自由游覽，怪狀百出，放施電閉園門，但且膜拜神前，昨已貼出公告，關於此事，會總一，不得不勝附和，煞操以來，同人修養之所，不得不勝煩惱，羯業一片清淨之地，化為擠擁遊覽之場，同人為之寒心，豈亦等人士原諒。庚寅年元月念一日，嗇色園同人公啟。

1950 年 3 月 13 日，報章關於嗇色園關閉園門的報導。

1955 年的嗇色園大門。因法例所限，出現既內設贈醫施藥服務又緊閉園門的畫面。

（園方）業於前日自動將園門關閉，謝絕一般遊客及參神者。園前星羅棋布之解籤香燭攤位，同時一掃而空，迷信婦女乃不得其門而入。祇得改在該園右旁之竹樹坡前列具香燭，就地膜拜，解籤攤檔，亦遷附近設立，道旁樹下，香烟繚繞，頓成臨時拜台，怪狀百出。從前參神者，可向廟中借用籤筒，但現已由解籤檔另行自設租賃，故雖園門關閉，但以膜拜者眾，彼等攤檔生意，仍屬不惡，亦神壇中之趣事也。

1952 年 2 月 8 日（農曆壬辰年正月十三）《工商日報》報導：

（嗇色園）園前鐵門深鎖，並派有專人看守。所有普通遊客，不論參神遊玩，均被拒進內，附近一帶憑神求食之輩，因該園之關閉，對彼等收入之影響，異常重大。因此其中不少神棍，乃別闢財源，紛在該園附近之「籤寮」開設後門，從而進內，即可直薄黃大仙壇前。彼等並派出婦女多名，□途兜截遊客，指示婦女輩從後門進內即可參神。故一般迷信之愚夫愚婦，乃獲走近廟前，雖仍有一疏落竹林所隔，然相顧僅咫尺間而已。無知婦女竟不惜屈膝於亂石山頭之上羅拜。然賣香及解籤者，則已財源滾進矣。

到了 1956 年，隨着附近陸續被闢為廉租屋的建築地盤，港府工務局傳來一紙收地通知，嗇色園何去何從的問題終於被提出來了。時新任嗇色園總理黃允畋往見華民政務司鶴健士交涉。據吳麗珍在《香港黃大仙信仰》一書中載，「華民政務司表示：一來嗇色園沒有該地段的業權，政府有權不批租約。二來嗇色園於年前大

開門禁，供人參拜……卻已違反了廟宇條例，政府也有權關閉嗇色園。所以對於政府收地的決定，他們也愛莫能助。」按鶴健士的說法，港府處理嗇色園，可以有三種選擇：一是以方便興建廉租屋為由；一是不續批嗇色園所在的官地租約；一是依據《華人廟宇條例》接收。事實上早在此前的兩年，港府已拒絕過園方所交納的地租，不續批租約的意圖昭然若揭；此刻工務局的收地通知也不過是之前做法之延續：這顯示出港府早在兩年前就開始部署。港府之所以沒有根據《華人廟宇條例》，直接採取接收的辦法而捨近取遠，應該是有所考慮的，也許是顧及到黃大仙的鼎盛香火，避免引起廣大信眾的強烈反彈。以興建廉租屋為由收地，不但堂而皇之，而且也使居住在該區寮屋、有機會遷上新建廉租屋的仙師信眾因事涉切身利益而無所適從。

然而港府處心積慮的最終目標，可能並非迫遷嗇色園。當時工務局的通知提到的，是因為往來嗇色園進香參拜的士女，經常擁塞於道，為免阻礙附近地盤的建屋工作，政府決定來年收回土地，不再續批租約，顯見嗇色園所在地段本身並沒有在興建廉租屋的規劃之內。這個保留下來的空間是繼續作為嗇色園，還是挪用作別的，就有文章可做了。自 1947 年港府就提醒嗇色園向華人廟宇委員會提出理由申請自辦，卻被園方消極應對過去，此時港府真正用心也許就是以收地促變。在存廢續斷的生死關頭，黃允畋得到華人代表羅文錦、周埈年兩位爵紳，以及華人廟宇委員會鄧肇堅先生的協助，並邀得東華三院合作，遂向政府建議：凡入嗇色園參拜的

嗇色園黃大仙
昨起開放任人參拜
收費一毫充辦義學

【本報訊】九龍城外竹園之嗇色園內，供奉黃大仙祠，成立於今已有卅大都歷史。一向飲譽界人，方有機會到祠參拜，黃大仙祠在聞外界人士，祗許由祠內值理與而已，但在祠外人，均未能進祠參拜，惟自昨日起，該黃大仙祠大開方便之門，從各界善男信女，不論男女，一律可以入祠參拜，惟入園祠之實行「開主義」，現任黃色園司理，係由東華三院會總理主辦大仙祠，所請皆不聞之飾，傳聞係政務司及管理華民會同辦，決由昨午起，凡入祠參拜者，不論男女，均定於嗇色園之一部份。

黃大仙祠，採公開性質，任由市民前往參拜，凡到祠者收取入場券一毫，任取乃充東華三院辦理義學之經費，經於昨日上午十一時，在黃大仙祠內舉行動土儀式，並即宣佈所。

由昨午十二時起，凡入祠黃大仙者，以便取付每一毫，即可入祠，一俟取得券一毫後，即可入祠參拜之期，凡領取券者仍須繳納之。婦孺及求神，不得挾老弱及園園內仍作嗇色園或他部份之嗇色園或其他部份之所。

士女，須繳入園費一角，收費悉數撥歸東華三院作辦學經費，請求政府撤回收地的成命，並批准嗇色園全面開放。此合作建議的制訂，黃允畋身兼嗇色園總理和東華三院首總理，被認為是最重要的推手。其實幾位爵紳的身份亦堪玩味，羅文錦時任行政局議員，亦是香港佛教聯合會與港府溝通的主要角色；周埈年更是行政局首席非官守議員、華人廟宇委員會委員，據說戰前曾代嗇色園向港府說項，爭取每年新春開放黃大仙祠，任由市民參拜；鄧肇堅對傳統宗教深有體認，從 1928 年《華人廟宇條例》實施起，他便作為東華三院首總理被委任為華人廟宇委員會成員，此後又多次獲得港督委任：從他們身上不難看到官方的色彩。嗇色園的開放，究竟是出於信徒所傳誦的黃大仙師不可思議的運化，抑或港府的有意識引導，還是嗇色園同人的共同努力，雖然不得而知，但這掀開了該園向宗教慈善團體發展的全新篇章，進一步完善了港府對華人傳統宗教信仰的管理，卻是無庸置疑的。

結語

　　普濟勸善，從來都是嶺南黃大仙信俗的主旋律。嗇色園自從實行開放，特別是在上世紀六十年代中期港府開始着力經營香港的社會福利以後，其在社會服務方面的發展，成績有目共睹，進一步豐富了普濟勸善的內容。今天，在嗇色園及其屬校的網頁上，有對普濟勸善的釋義：

「普濟」即盡一己之力以助困厄，以扶無依。物質之樂助，見諸慷慨解囊；精神之扶持，則以鼓勵關懷，導人於平安寧靜。「勸善」乃以言以行，導人向善，即既以言教，循循善誘；或以身教，樹立榜樣，祈能改造心靈，化戾氣為祥和。

致虛靜平和，人心歸善等傳統信仰的基本精神，落實於強調尊重、關懷和具體施與行動之中，從而出色地完成了自身的世俗轉向。在香港，嗇色園不是一個孤例，傳統宗教團體，包括儒釋道三教及其他民間宗教及信仰團體，大多能依循各自的歷史軌跡和特點，或發展成為宗教慈善團體，或發展出本身的宗教慈善業務，參與到現代社會的福利建設和心靈建設。作為一種香港經驗，雖然可能有其難以複製的歷史條件，但在此過程中，政府的態度與作為，對信教者的理解和給予方便，以及宗教團體的適應與配合，顯然都有其值得參考的地方。

後語

　　對早期香港的華人傳統信仰情況雖然有着莫名的興趣，十多年來也寫過不少相關的書籍和文章，但自己卻鮮有時間靜得下來，回顧一直以來的心路。這次出版《仙蹤佛跡：香港民間信仰百年》，責任編輯要我另寫前言和後語以配合叢書體例。我琢磨了一下，覺得這是很好的機會，可以讓自己仔細想想當初為什麼會選擇傳統宗教作為研究的主要課題——現在的流行用語叫「找回初心」。當然，找到與否很難說，因為在印象中，這事本來就是充滿偶然的。

　　我本是出版社的編輯。大學畢業後沒幾年便投身到這個行業當中，一幹就是幾十年，甚至直到現在授課之餘也仍身兼着。最初從事出版工作時，很幸運地碰上了華文出版前所未有的黃金時代。香港、台灣的經濟起飛，內地的改革開放，共同推動着華人文化的燦爛復興和飛速變化。上世紀八九十年代，在出版各類文化精品的過程中，不但得到各方面的歷練，而且有機會與不少學有專精的前輩學

者當面請益，他們不少都是跨越歷史和苦難的過來人，智慧如海，進止雍容。從他們身上可以發現，學問的本質不只是我們從學校或其他方面得來的知識，它是一種對生活體驗的態度，它最終的追問對象，其實就是生命本身。在我看來，這也就是春秋時顏回以簞食瓢飲，人不堪憂，己不改樂，而被其老師孔子讚頌為「賢」——即多才多能的難得人才的重要原因。見賢思齊，我對學術工作產生憧憬，就是從這時候開始的。

至於選擇民間宗教和信仰作為研究主題，也不在自己最初的打算之內。中國傳統宗教信仰，特別是民間宗教和民眾的信仰方式，從明清以來就一直受到來自統治者和知識階層的種種打壓和批判。西風東漸後，亦有不少人視之為封建迷信的表現，喊出一個個激動人心的口號，不斷以各種合法或非法手段，要除之而後快。到了我這一代，其實也基本上抱着唯物論的立場，視之為落後的象徵。不過，在臨近香港回歸之際，由於偶然的機會，受到菩提學會永惺長老的委託，與鍾潔雄合編《香江梵宇》。這是首部以圖文並重的方式介紹香港佛寺及其發展歷史的畫冊，我們必須到寺院、精舍作實地採訪和拍攝，由此開始了我與中國傳統宗教的緣分。老實說，當我最初接觸到存在於這城市裏的中國傳統宗教時，感覺是震憾性的。這不單是因為一些在印象中早已被掃進歷史垃圾堆的「封建迷信」原來依舊生機勃勃，更令人意外的，是看到不少信眾，雖然不一定具有很高的文化，卻有着我在很多前輩學者身上才見到過的智慧與雍容。

在本書的前言中曾談到，任何宗教都可從世間和出

世間兩方面加以解釋。從世間方面解釋宗教比較容易理解，本書各篇大致都依此方式進行。由此我們知道，因為民族、歷史、社會等各方面原因，推動着傳統宗教與時並進，並不斷發揮着獨特而且關鍵的作用，起到溝通信息、凝聚人心、和諧社會等等的效果。然而，宗教還有出世間一方面，任何宗教都以鼓勵信徒追求出世間為終極目標。這個出世間可能是以空間的形式出現，如天堂、極樂世界之類，但其本質卻是超越時空的。這個出世間也可能是以自我得救為標榜，卻必然要突破自我的局限，如基督教說的活在主內，佛教說的佛即眾生。對二戰後香港佛教發展有巨大貢獻的倓虛老和尚指出的修行次第為：看破→放下→自在，看破的是世間的虛幻，放下的是自我的執着，而最終得到則是與永恆同處的自在。其實，這與前輩學者對生命的深層次叩問，也是同樣的道理。信眾們有着與學者同樣的智慧和雍容，也就不難理解了。

基於此，本書從民族、歷史、社會等不同向度，去討論中國傳統宗教對香港的作用和意義，也不只局限於從世間方面理解，否則很容易得出當這些條件改變了，傳統宗教就可能消亡的結論。宗教的本質是出世間的，它要引導的思考也必然要脫離種種世俗的考慮，只要人性不變，只要人對於生命的提昇仍有着追求，無論正統宗教還是民間宗教信仰，就會是一種關於永恆的學問，永遠散射出迷人的光彩。這也是我將中國傳統宗教作為自己研究的主要課題的原因，也就是我的初心。

細味香江系列

主　　編　　游子安　張瑞威
責任編輯　　張軒誦
書籍設計　　任媛媛

書　　名　　**仙蹤佛跡：香港民間信仰百年**
著　　者　　危丁明
出　　版　　三聯書店（香港）有限公司
　　　　　　香港北角英皇道 499 號北角工業大廈 20 樓
　　　　　　Joint Publishing (H.K.) Co., Ltd.
　　　　　　20/F., North Point Industrial Building,
　　　　　　499 King's Road, North Point, Hong Kong
香港發行　　香港聯合書刊物流有限公司
　　　　　　香港新界大埔汀麗路 36 號 3 字樓
印　　刷　　美雅印刷製本有限公司
　　　　　　香港九龍觀塘榮業街 6 號 4 樓 A 室
版　　次　　2019 年 9 月香港第一版第一次印刷
規　　格　　大 32 開（142 × 210 mm）272 面
國際書號　　ISBN 978-962-04-4523-1